W0294384

LES PENSÉES
DE SAN-ANTONIO

DANS LA MÊME COLLECTION

Les Pensées d'Alphonse Allais

Les Pensées de José Artur

Les Pensées d'Yvan Audouard

Les Pensées de Tristan Bernard

Pensées, répliques et anecdotes de Francis Blanche

Les Pensées des Boulevardiers : Alphonse Karr, Aurélien Scholl, Georges Feydeau, Cami

Les Pensées de Philippe Bouvard

Les Pensées d'Alfred Capus

Les Pensées de Cavanna

Pensées et anecdotes de Coluche dessins de Cabu, Gébé, Gotlib, Reiser

Les Pensées de Courteline

Les Pensées de Pierre Dac

Pensées et anecdotes de Dali

Les Pensées de Jean Dutourd

Les Pensées de Gustave Flaubert, suivies du *Dictionnaire des idées reçues*

Les Pensées d'Anatole France

Les Pensées d'André Frossard

Les Pensées, répliques et anecdotes de De Gaulle choisies par Marcel Jullian

Pensées, maximes et anecdotes de Sacha Guitry

Pensées, répliques et anecdotes des Marx Brothers

Les Pensées de Jules Renard

Les Pensées de Rivarol

Les Pensées de Bernard Shaw

Pense-bêtes de Topor illustré par lui-même

Les Pensées de Wolinski illustrées par lui-même

Frédéric Dard

Les Pensées de San-Antonio

Collection « Les Pensées »
dirigée par
Arnaud Hofmarcher

le cherche midi éditeur
23, rue du Cherche-Midi, 75006 Paris

Droits de traduction et de reproduction réservés pour tous pays. La loi du 11 mars 1957 interdit les copies ou reproductions destinées à une utilisation collective. Toute représentation ou reproduction intégrale ou partielle faite par quelque procédé que ce soit – photographie, photocopie, microfilm, bande magnétique, disque ou autre – sans le consentement de l'éditeur ou du Centre français d'exploitation du droit de copie est illicite et constitue une contrefaçon sanctionnée par les articles 425 et suivants du Code pénal.

© le cherche midi éditeur, 1996.

Mon Dieu, grand merci d'avoir fait de moi un penseur du dimanche !
Ces mots, ces aphorismes ont été écrits en trombe, sans que je les eusse véritablement pensés.
Qu'ils donnent à réfléchir constitue un présent inattendu, car, en fin de compte, ceci est mon testament.

San-Antonio

Les femmes sont
la femelle de l'homme

Le sexe masculin est ce qu'il y a de plus léger au monde, une simple pensée le soulève.

*

Je ne t'ai pas épousée pour la durée de ta vie, mais pour la durée de la mienne.

*

« Femmes », « secrets » : cherchez l'intrus !

*

Le mariage est, soit une corne d'abondance, soit une abondance de cornes.

*

Les femmes, c'est comme les artichauts : le cœur est sous les poils.

*

Je souhaite que mon épouse meure le plus tard possible. Mais avant moi.

*

Sa femme est encore bien pour mon âge.

*

L'homme marié est privilégié par rapport au célibataire, à preuve : il peut rentrer chez lui quand il a fait l'amour.

*

Toute sa vie, il a regretté de ne pas pouvoir tromper sa femme : il l'aimait trop !

*

Dans les débuts d'une aventure, la bouffe prépare la baise ; sur sa fin elle la remplace.

*

Quand il y en a pour une, il y en a pour cent, simple question de planning !

*

L'homme qui sort de chez lui est déjà un cocu en puissance.

*

L'homme ne demande à sa femme d'être intelligente que lorsqu'elle ne l'est pas. Quand elle l'est, il en prend une autre.

*

L'amour ? On s'enlace.

*

Ce qu'il y a de chiant avec les femmes, c'est que nous ne leur sommes pas irremplaçables.

*

Bander, c'est bien ; baiser, c'est mieux.

*

Il se trompait tellement qu'il n'eut jamais besoin de se marier.

*

La grosseur des bourses est en rapport avec les performances sexuelles : si l'intendance ne suit pas, la bataille est de courte durée.

*

Comme Dieu est bon d'avoir créé la femme salope ! Sinon, elle ne serait que chiante.

*

Je suis un homme sans parties prises.

*

Beaucoup de dames ouvrent les cuisses pour mieux s'aérer les méninges.

*

Elle a grossi de vingt ans.

*

– Je n'ai encore jamais fait de partouzes, c'est bien ?
– Pour quelqu'un qui aime la compagnie, c'est le rêve !

*

Elle n'était ni conne ni intellectuelle et aimait baiser, trois qualités que j'apprécie chez une femme.

*

Il m'est déjà arrivé de me tromper. Et même de tromper les autres. Je peux te signaler une centaine de maris qui te le confirmeront.

*

La femme est faite pour mettre des jupes, sinon elle abdique sa qualité la plus précieuse qui est la disponibilité.

*

Elle m'a fait les honneurs de son corps.

*

Les femmes surmontent toujours mieux leur veuvage que leur ménopause.

*

Le propre d'une épouse avisée est de démontrer, la vie durant, à son mari, qu'il est trop bête pour elle et trop intelligent pour son salaire.

*

Elle avait la croupe aussi ondulante qu'un vilebrequin.

*

J'ai lu accidentellement la prose d'une ulcérée de la jarretelle qui, dans un article publié par un bulletin, déclare que j'en remets pour rassurer le lecteur sur sa propre virilité. Textuel ! Je crois qu'elle ferait mieux d'analyser ses urines que mes écrits, la madame Pudeur en question. Et pour lui prouver que mon vocabulaire n'est pas indigent je tiens à lui dire qu'elle est une ratée du sommier, une refroidie du rez-de-chaussée, une virtuose du solo de mandoline, une passée-outre, une pas-réussie, une chagrineuse, une punisseuse, une embêcheuse de baiser en rond, une déglandée, une courroucée, une sèche, une qui voudrait qu'on l'inculque en couronne, une pionne à tout faire, une patibulaire, une pas tibulaire, une... oh ! et puis flûte, de quoi je m'occupe, laissons donc les araignées tisser paisiblement leur toile sur le siège de sa vertu.

*

Il est homosexuel. Si ça ne rapporte rien, ça bouche toujours un trou !

*

Ma femme est jeune, j'ai toute sa vie devant moi.

*

Il n'a pas de liaison, sinon avec sa main droite et parfois avec la gauche quand il commet l'adultère.

*

La longévité des femmes est supérieure à celle des hommes. Elles nous usent : on croit les limer, mais la limaille qui tombe est la nôtre !

*

Lolo Ferrari a les seins si gros qu'on se demande comment elle fait pour dormir sur le ventre.

*

Je la connais de vulve.

*

Je suis un important producteur de spermatozoïdes, j'ai des succursales un peu partout.

*

– Vous avez dû en voir de dures, ma pauvre amie !
– J'en ai vu davantage de molles !

*

Elle avait une bouche tellement sensuelle que les tubes de rouge à lèvres sortaient spontanément de leur étui.

*

A l'inverse de la vengeance, la beauté est un plat qu'on doit manger très chaud.

*

Avec les femmes, on a l'impression d'être le premier à débarquer dans leur existence, et puis on découvre très vite qu'il faut prendre un ticket d'appel.

*

Elle était salope à faire divorcer un curé fraîchement marié.

*

Il ne baise pas plus loin que le bout de son nœud.

*

Elle n'est pas de la première fraîcheur : elle a commencé les matchs retours et les années à domicile comptent double.

*

Après l'amour, la femme baigne dans le ravissement, alors que l'homme cherche un prétexte pour rentrer chez lui.

*

C'est à se demander à quel âge il faut prendre les femmes si on veut s'assurer la priorité. Le mieux c'est de les adopter à deux mois et d'aller les élever au sommet de l'Everest.

*

Que peut-il bien laisser derrière lui, un couple, hormis des gosses ? Des taches !

*

Si on ne baisait pas les femmes de ses amis, l'amitié ne ressemblerait plus à grand-chose.

*

Sitôt qu'elle m'ouvre sa porte, mon pantalon se déguise en socquettes.

*

– Alors, tu m'as trompé ?
– C'était ça ou ne plus t'aimer.

*

Elle était sobrement vêtue de ses deux mains.

*

Les homosexuels : les inversés, les retournés, les intrépides du suppositoire, les habitués de l'annexe, les accoutumés de la porte de derrière, les usagers de l'itinéraire bis !

*

Chez la femme, la faute n'existe qu'au stade du flagrant délit.

*

Deux hommes se sentent confusément unis par la même femme, alors que deux femmes sont irrémédiablement divisées par le même homme.

*

Ma vie est partagée entre l'amour de la femme qui est ma mère, et celui de toutes celles qui ne le sont pas.

*

Il est à l'âge où un vieux schnock a besoin de faire de la monnaie en échangeant sa rombière de cinquante ans contre deux de vingt-cinq !

*

Il vaut mieux être une violée vivante qu'une vierge morte.

*

Il y a des femmes qui savent vieillir, d'autres qui ne savent pas se rajeunir.

*

Je suis un pénisman.

*

J'adore les nanas qui écrivent 88 888 avec leur derrière en marchant.

*

Si j'avais su que je l'aimais tant, je l'aurais aimée davantage.

*

Je te trouve tellement jolie que tu dois sûrement l'être un peu.

*

Lorsque je la vis, un endroit intime de ma personne lança un défi à Von Karajan.

*

Son slip est tellement couleur chair qu'elle n'en porte peut-être pas.

*

La femme qui te veut, veut en réalité que tu l'aies.

*

Elle a une paire de seins à te donner envie d'être exclusivement nourri au lait de dames.

*

Une gonzesse si belle, quand elle se déplace, vaudrait mieux l'encadrer de quatre motards, pour pallier des incidents graves sur son parcours.

*

Sexe masculin : l'ami du peuple, l'archet, le balancier perpétuel, le bâton de Maréchal, le bec verseur, le biberon, le camarade à l'œil en amande, la clarinette à moustaches, la corne d'abondance, le cyclope à col roulé, l'enragé du trou normand, l'étouffe chrétienne, l'iguane de braguette, le levier de force, le métronome à contrepoids, l'ogive à tête plongeante, la région consommable, la sainte trinité portative, le zoom à réglage salivaire.

*

La principale différence entre Marie Curie et Brigitte Bardot, c'est que Marie Curie découvrit le radium.

*

Le cœur a ses faiblesses, le cul a ses abandons.

*

Le mystère féminin ? Une migraine, bien souvent !

*

Il est tellement asexué que c'est à se demander avec quoi il pisse.

*

Tu te sens devenir marxiste devant une beauté comme la sienne.Tu as envie de lui en prendre une partie pour distribuer.

*

Les filles minces n'impressionnent qu'une sorte de gens : les filles grosses.

*

Elle a un regard qui ferait sauter les boutons de braguette comme des balles de mitrailleuse si la fermeture Eclair n'avait pas été inventée.

*

Une épouse, c'est encore ce qu'on a trouvé de mieux pour remplacer une mère.

*

Mesdames, vaut mieux une chiée de types qui posent leur pantalon en votre honneur, qu'un seul qui vous le fait repasser.

*

S'il fallait éclairer le passé des dames qu'on baise, on devrait acheter un groupe électrogène avec une tripotée de projos.

*

Toutes les femmes seules à une terrasse de café attendent quelqu'un.

*

Une femme doit toujours avouer son âge quand il lui va bien.

*

A l'amour succède l'anéantissement. Puis l'amour revient à la décharge.

*

Ah ! si les hommes voulaient s'aider ! Ah ! si les femmes voulaient céder !

*

Faire l'amour: composter, bricoler l'existentiel, conjuguer le verbe être, déclencher une offensive de printemps, démailloter le nourrisson, déposer son bulletin dans l'urne, effectuer un graissage-vidange, faire entrer le gladiateur dans la fosse aux ours, escalader le Mont de Vénus, prospecter le terrier, exécuter un tirage de luxe sur vergé impérial, être admis d'urgence dans le centre d'hébergement, explorer le sous-sol, faire le gala de l'Union, jouer l'introduction de la *Flûte enchantée*, se mettre les glandes à jour, organiser la fête de l'Humanité.

*

Elle a l'air cruche, mais c'est le genre de cruche dans laquelle je me transvaserais volontiers.

*

On peut dire d'une femme qu'elle va « au » coiffeur, seulement lorsque ce dernier la baise.

*

Avoir les précieuses ridicules, ça a toujours été mon cauchemar.

*

Après mûre réflexion, je crois pouvoir affirmer que le plus court chemin d'un cul à un autre, c'est ma bite !

*

Une femme aux cheveux châtains est une blonde modeste.

*

Beaucoup de gens « ont leurs têtes ». Moi ; j'ai « mes culs ».

*

Je ne sais à quels seins me vouer.

*

Elle portait un slip tellement modeste que, si elle avait opté pour la taille au-dessous, elle se serait retrouvée complètement nue.

*

C'est une jeune fille exquise que je transformerais volontiers en girouette, ayant un axe à lui proposer.

*

Après l'amour, les caresses des femmes ne vous émoustillent plus vraiment, mais vous chatouillent, ou même, franchement, vous cassent un peu les noix !

*

L'amour en voiture, c'est l'idéal. L'inconfort favorise les positions baroques et quand c'est fini, tu démarres pendant que miss Troussée remet sa panoplie en place. Il ne te reste plus qu'à la déposer galamment devant une station de métro.

*

Beaucoup de citoyens déprimés ne tiennent le coup que parce qu'ils le tirent.

*

L'amour, on en parle pour se reposer de le faire.

*

L'homme à femmes est reconnaissable au moment des cigares : c'est celui qui, au lieu de se mettre dans le groupe des hommes, reste dans celui des femmes.

*

La bestialité est déshonorante. Les animaux hurlent-ils en s'accouplant ? Existe-t-il une raison valable de hurler parce que vous ressentez du plaisir ? Aucune ! Imaginez-vous les clients de Paul Bocuse se foutant à brailler parce que ce qu'il leur sert est délectable ?

*

De nos jours, les messieurs hésitent à se payer des extras car leurs légitimes se conduisent exactement comme leurs maîtresses et elles dépensent autant d'argent.

*

J'entends dans l'hôtel une dame satisfaite clamer qu'elle part, qu'elle paaaaart... ce qui n'est qu'une vue de l'esprit, car tu penses bien que prenant un pied de cette ampleur, elle est loin de se barrer tout de suite !

*

Un mari craint toujours que son épouse le quitte. C'est ça la suprême force des femmes : vous faire redouter ce que vous souhaitez le plus au monde.

*

Comme disait mon copain auvergnat en parlant des filles : faut en prendre et en lécher.

*

Des culs, plus tu en vois, moins il t'en reste à voir.

*

Les femmes se remplacent, les enfants s'additionnent.

*

Elle aime tellement la chose qu'elle ouvre les jambes au lieu du réfrigérateur quand tu lui demandes si elle a quelque chose à bouffer.

*

Entraîneuse : chair à appâter.

*

L'amour ne se fait bien que l'après-midi. Onze fois sur dix, l'adultère découle du fait que les époux se fréquentent seulement le soir.

*

Elle coule sa main sous le drap pour venir me changer de vitesse. Elle hait les embrayages automatiques.

*

Il lui trifouille la pointe des seins comme un qui s'acharnerait à chercher Europe 1 sur son transistor depuis la cordillère des Andes.

*

Les femmes franches sont celles qui mentent intelligemment.

*

Elle me boit à la bouteille.

*

Je cherche des vierges pour me faire fouetter.

*

Je plains les hommes qui mettent davantage de temps à se raser qu'à baiser leurs femmes. Et je plains leurs dames plus encore.

*

Les femmes nous rendront tous sodomites, et c'est elles qui l'auront dans le cul !

*

Etre impuissant : être affligé du rez-de-chaussée, être endeuillé du slip, être fané du sous-sol, avoir le périscope magnétique branché sur ses godasses, avoir les pruneaux en chômage, avoir un faire-part de deuil à la place du scoubidou-verseur, avoir perdu la clé du coffret à bijou, être constipé des amygdales du bas, désamidonné du bigorneau, être invertébré de la membrane.

*

Pauvres bonhommes, à peine ils rencontrent une femme qu'ils l'emmènent chez Monsieur le Maire, et comme Monsieur le Maire est lui-même marié, vous pensez si ça l'amuse de jouer la sale blague aux copains !

*

Je préfère les jouisseuses aux frigides : la victoire est moins honorable, mais le résultat plus satisfaisant.

*

La stérilité est la véritable virginité de la femme.

*

L'Esquimau, par moins quarante, il peut pas se permettre de se faire sucer, malgré son appellation hautement qualificative.

*

L'ingéniosité en amour, c'est comme la poésie en littérature. On peut s'en passer, mais c'est dommage.

*

Les filles, jusqu'à ce qu'elles aient dix ans, leurs parents ont peur qu'elles tombent en avant, et ensuite qu'elles tombent en arrière.

*

Tu connais ma sensibilité aux étoffes ! Avant que les prêtres se saboulent en civil, j'évitais de toucher leurs soutanes pour ne pas risquer l'excommunication.

*

Les femmes se parent de la fourrure des animaux pour plaire aux hommes qui préfèrent la leur.

*

C'est un de ces play-boys qui bandent en play-back.

*

C'est une honnête femme qui s'est toujours réservée pour son mari et son gynécologue.

*

Dieu, que le cri du morpion est triste au fond des poils !

*

En amour, à partir d'un certain âge, on n'a plus le droit qu'aux hors-d'œuvre ou aux restes.

*

Faire l'amour est ce qui importe le plus pour un couple, et c'est pourtant la seule chose qui ne crée pas de liens.

*

Il a une tare : son épouse, et pas de défauts pour la compenser.

*

J'ai une façon de prolonger la France d'une vingtaine de centimètres qui me vaut un franc succès auprès des jeunes étrangères.

*

Je suis un obsédé sexuel. Mais il est inutile de me féliciter : j'ai également des défauts.

*

L'honneur d'une femme consiste à ne pas porter dans un cocktail la même robe qu'une autre dame.

*

La sodomie, c'est l'art de rebrousser chemin.

*

La virginité n'est rien d'autre qu'une maladie infantile.

*

Les dragueurs mènent une existence périlleuse : ils jouent avec leurs vits !

*

Les femmes moches sont celles qu'on ne sait pas regarder.

*

Sans l'imaginaire, l'amour ne serait qu'une danse du sabre.

*

Ses seins abondants me font venir l'eau à la bite.

*

Tant va l'homme à la cruche qu'à la fin il se case.

*

Toutes les personnes du sexe ont leur chance avec moi, si moi je ne l'ai pas toujours avec elles.

*

Un homme ressent toujours de la nostalgie à l'idée de renoncer à une femme, quand bien même il ne la convoite plus.

*

Parole d'aquarelliste : Faut en profiter quand c'est mouillé.

*

Je ne plaisante pas avec les questions d'amour-propre, comme disait un fabricant de bidets.

*

Je lui pratique le coup façon photographe de jadis : attention, le petit oiseau va sortir (pas celui qui vole en l'air, l'autre, celui qui passe le plus clair de son temps à couver ses œufs) !

*

Le plaisir, c'est la solitude qui explose pour retomber en solitude.

*

La dame qui ne sait pas dire « non », de nos jours, n'a plus le temps de s'asseoir.

*

La différence qu'il y a entre une chaude pisse et une hirondelle, c'est qu'on ne peut pas attraper une hirondelle.

*

La ponction crée l'orgasme.

*

La prostitution mène à tout à condition d'y rester.

*

Le Seigneur nous a donné l'instinct de reproduction et, pour nous encourager à le pratiquer, Il l'a rendu voluptueux.

*

Le sexe des femmes est une cicatrice, leurs slips sont des pansements.

*

Les femmes sérieuses me rassurent, les femmes faciles me comblent.

*

Elle est trop honnête pour être au lit.

*

– Comment trouves-tu mes fesses ?
– Très facilement.

*

Combien de femmes adultères s'estiment-elles vierges après s'être lavé les fesses ?

*

Mademoiselle et moi, on s'est découvert un penchant commun, il était tellement penché qu'on s'est retrouvés à l'horizontale.

*

Payer les faveurs d'une fille représente une économie de temps et de sentiments ; ça n'a donc pas de prix puisque, précisément, ça en a un.

*

Plus elle avance dans les vits, plus elle connaît les hommes.

*

Prenez l'habitude de bien baiser votre femme, vous lui éviterez d'aller se faire baiser par vos copains.

*

Quand je te vois à poil, je me dis que c'est pas l'amour que j'ai fait à ta femme, mais la charité !

*

Rien de tel que de se laisser piloter par une femme : vous gardez les mains libres et les siennes sont occupées.

*

Sa femme est tellement frigide qu'il lui a fait ses mômes sous anesthésie.

*

– Qu'est-ce que tu fais, ma jolie ?
– Je suppute.
– Y a pas de sot métier.

*

Seuls les imbéciles sont choquables. Fort de cette certitude, j'appelle un chat une chatte.

*

Si j'avais un compte à la banque du sperme, il serait à découvert.

*

Sexe féminin: l'épicentre, l'éteignoir, l'allée cavalière, la baie des Anges, la boîte à lettres à moustache, la botte de persil, l'étui à cigare, le vide-poche, la boutique à cresson, le cadre noir de Saumur, la case départ, le centre d'hébergement, le chemin des Dames, la contrebasse à poils, le hangar à fourrage, le mollusque à crinière, le moule à farce, le parcours du combattant, la pelouse, la surface de réparation, la tirelire à moustaches, le tiroir du bas.

*

Un regard de femme me transforme instantanément en perchoir à perroquet.

*

Elle était vierge comme un tambour.

*

Une femme sexy n'est pas une créature mais une récréature.

*

Une fille forte c'est bien pour rentrer mais pas pour sortir.

*

Une dame n'a que trois manières de t'agrémenter la vie : en ôtant sa culotte, son gant ou son dentier.

*

Une chambre sans femme, c'est une choucroute sans jambon.

*

Elle est de ces femelles qui ne deviennent véritablement épouses qu'après la mort de leur conjoint.

*

Ce qui différencie l'adultère masculin de l'adultère féminin, c'est que l'homme a plus ou moins l'impression d'avoir perdu son temps après avoir fait l'amour, alors qu'au contraire, la femme a la certitude d'en avoir gagné.

*

Il y a des types qui font une grosse consommation d'épouses, preuve que, dans le fond, ils étaient faits pour le mariage.

*

Ils forment le couple idéal, ils auront des enfants primés dans les comices agricoles.

*

Je l'apprécie beaucoup moins depuis que j'aime sa femme.

*

C'est une dame d'entre deux âges, mais pas exactement au milieu.

*

Cette fille est obsédante comme une veille d'échéance difficile.

*

Les maris se figurent que les sens de leurs épouses négligées s'engourdissent, qu'elles finissent par se scléroser du bas-morcif. Tu parles ! L'hibernation n'est pas la mort, au contraire, c'est de la vie emmagasinée. Quand ces petites dames mal baisées vous déballent leur petit stock d'extase, on touche tout de suite ses dividendes ! Les intérêts progressifs sont pour vous !

*

Je me suis trompé, comme disait un adepte du cocufiage qui avait mis une fausse barbe pour honorer son épouse.

*

– Alors, tu l'as baisée, la petite blonde ?
– Elle n'a pas voulu !
– Je t'avais prévenu que c'était une salope !

*

Elle a des seins comme j'ignorais qu'il en existât ! Ils sont deux, mais restent uniques !

*

Etre en érection : avoir la sentinelle sur le qui-vive, interpréter l'hallebardier, se mettre au beau fixe, mettre baïonnette au canon, avoir le chauve à col roulé qui bombe le torse, faire bravo de la marionnette, faire caracoler Coquette en tête de peloton, faire le beau, hisser le grand foc.

*

Lorsqu'un amant n'est plus à louer, c'est sa partenaire qui le devient.

*

L'absence de la femme est aussi néfaste que sa présence dans le destin d'un homme ; il est con par manque au lieu de l'être par excès.

*

Les femmes se sont vengées de la loi salique par la loi phallique.

*

La façon la plus élégante de tromper sa femme consiste à lui laisser croire qu'on ne s'aperçoit pas qu'elle vous trompe.

*

Il a pas la baise héroïque. Il brosse façon pèlerin. Il est gravisseur dans le coït. Rien du fourreur d'élite, qui lime en trombe, en trompe. Lui, c'est la pointe avec sac à dos, alpenstock, passe-montagne. La crampette méthodique. Les dames d'un âge aiment bien. Il voit venir son panard, le birbe, le distingue dans les lointains de la lonche. Après, il part à sa conquête, coup de reins après coup de reins, la tête en avant, façon gargouille. Il est gothique dans l'amour.

*

Je n'ai pas refait ma vie avec elle : elle a refait la mienne.

*

Les maîtresses nourrissent davantage de haine pour la légitime que le contraire.

*

La plupart des hommes se font leur épouse en se persuadant que c'est Catherine Deneuve, et tout le monde en profite... sauf Catherine Deneuve.

*

Les amours sont désespérées, soit parce qu'elles sont sans lendemain, soit au contraire parce qu'elles ont des lendemains.

*

Ejaculer: aller à dame, lâcher son lest, jeter l'éponge, mettre le compteur à zéro, faire un lâcher de ballons, larguer le dernier étage de la fusée, asperger le persil, déballer son yaourt, se déblayer le surplus, débouler des rognons, se désembrumer Popaul, se détartrer le glandulaire, déterger la bouche à incendie, écumer le potage, émettre un bon du trésor, s'essorer l'intime, s'étancher les glandes, faire éternuer le chauve à col roulé, éternuer sa cervelle, procéder à un lancer franc, régler ses arriérés, sortir son train d'atterrissage.

*

Les salauds de maris envoient tellement leur femme se faire foutre qu'à la fin elles y vont.

*

On sent que cette femme perpétuera la mémoire de son mari disparu car elle est mauvaise baiseuse.

*

Quand l'amour croît en toi, crois en lui !

*

– Votre mari va vous faire un tas d'enfants qui accapareront votre vie.
– Oh non ! Je croise les doigts !
– Pas les doigts, chérie, les jambes, ça sera plus efficace !

*

Quand vous assistez au mariage d'une vieille fille sauvée par le gong, n'allez pas lui dire : « Le régime matrimonial, ça va vous changer du régime de bananes. »

*

Souvent l'infidélité n'est qu'un exercice destiné à maintenir dans leur forme optimale les fonctions assurant la félicité physique d'un couple légitime. Mais va-t'en faire piger ça à ta bergère !

*

Je ne comprends pas les femmes de vouloir être les égales de l'homme, alors qu'elles lui sont tellement supérieures ! C'est de la modestie, dans le fond.

*

Une gonzesse de perdue, c'est dix copains qui reviennent. L'emmerde, c'est que j'ai pas envie de fourrer les potes.

*

Une vérité indéniable cesse d'être vraie si ta femme la récuse.

*

Elle a tout pour elle, tant et tellement que j'aimerais qu'elle en eût aussi un peu pour moi.

*

Une épouse adultère ne se sent coupable que des tromperies que son mari connaît.

*

Je n'ai rien contre l'homosexualité: c'est dans la contre-nature des choses.

*

La plus haute marque de respect qu'on puisse témoigner à une femme, c'est de la faire jouir.

*

La vraie connerie, c'est l'homme. La femme a toujours un lot de consolation à proposer.

*

Il existe trois catégories de femmes: les putes, les salopes et les emmerdeuses. Les putes couchent avec tout le monde, les salopes couchent avec tout le monde sauf avec toi, les emmerdeuses ne couchent qu'avec toi.

*

Dans la vie, on est toujours seul. L'important, c'est de savoir avec qui !

*

L'amour est à la portée de toutes les bourses.

*

Ils se marièrent, eurent beaucoup d'enfants et se firent horriblement chier.

Il faut de tout
pour faire un con

Regardez bien les hommes. Vous ne trouvez pas que je leur ressemble ?

*

A force d'être déçu par les autres, je finirai bien par croire en moi.

*

Je n'ai pas de prochain. Mes moyens ne me le permettent pas.

*

Il n'est pas absolument nécessaire d'être con pour vivre parmi les cons. J'ai essayé, on peut !

*

Te fous pas de la gueule des riches, tu sais pas ce qui t'attend !

*

L'illusion est trompeuse mais la réalité l'est bien davantage.

*

Un jour, il m'est arrivé quelque chose d'exceptionnel : moi !

*

J'avais des dons de con, j'aurais pu être heureux.

*

C'est au moment de payer ses impôts qu'on s'aperçoit qu'on n'a pas les moyens de s'offrir l'argent que l'on gagne.

*

C'est rarissime quelqu'un qui ne vous en veut pas des saloperies qu'il vous a faites.

*

Les extrêmes se touchent, les dégueulasses !

*

Je vis au présent parce que mes moyens ne me permettent plus de vivre autrement.

*

Traiter son prochain de con n'est pas un outrage mais un diagnostic.

*

Les idées politiques, ce sont celles qu'adoptent les gens qui n'ont pas d'idées à eux.

*

Les lots de consolation ne consolent jamais.

*

On n'a rien à gagner à emmerder les gens qui n'ont rien à perdre.

*

Si j'étais riche, je ne ferais que ça !

*

On se passe si bien des gens qui ne nous sont pas indispensables !

*

Tous les hommes sont des enculés. Ceci est la première partie de mes mémoires.

*

« Abuser » de quelqu'un ! C'est plutôt « user » de quelqu'un !

*

Chose paradoxale, c'est avec les gens intelligents qu'on déconne le mieux.

*

Dans la vie, il faut choisir : être riche ou bachelier.

*

Différer une emmerde, c'est lui donner le temps de croître.

*

Il faut toujours faire passer son propre intérêt par celui des autres si on veut pouvoir compter sur eux.

*

Il vaut mieux être l'héritier d'un homme économe que celui d'un homme riche.

*

Il arrive au con d'avancer, mais seulement à reculons.

*

Je me trouve une gueule qui ne correspond pas à ce que je pense.

*

Je ne recule qu'en faisant l'amour (et encore très peu et très vite !).

*

Comment font les cons pour vivre en bonne intelligence ?

*

Le sous-nourri a envie de mordre dans n'importe quoi, principalement dans de l'homme nourri.

*

Le succès donne du talent et l'autorité du courage.

*

Le temps est plus difficile à tromper que les femmes.

*

Les femmes qui se vendent et les sportifs qui se dopent font à leurs contemporains d'inestimables présents.

*

Je ne souhaite pas la mort des cons : j'aime trop mes semblables.

*

Les grandes joies intérieures doivent s'accompagner de sécrétions pour être pleinement vécues.

*

Les moyens termes sont toujours des moyens ternes.

*

Ne pas pouvoir revenir en arrière est une forme de progression.

*

On gagne ses droits à l'infarctus au jour le jour.

*

L'ennui, avec les cérébraux, c'est qu'ils passent leur vie à se dire qu'ils le sont.

*

La modestie n'est pas la moindre de mes qualités.

*

Si vous n'attendez pas tout de la vie, vous n'aurez rien !

*

L'espace est la richesse des riches.

*

On ne va pas loin de nos jours avec un milliard de francs, surtout si l'on est convoyeur de fonds.

*

Je préfère crever du cholestérol que de faim.

*

Je suis apolitique parce qu'ambidextre.

*

Quand tu es traîné dans la merde, même si tu te disculpes, il en reste toujours quelque chose, ne serait-ce que l'odeur.

*

Rien n'est plus fort que le mutisme quand on a quelque chose d'important à dire.

*

Toute acquisition d'objets précieux est le prélude à leur revente.

*

Un pauvre allergique au caviar, ou un baron de Rothschild allergique au topinambour peuvent s'en sortir. Le contraire est plus emmerdant.

*

Vis ton présent, et laisse ton passé pour l'avenir.

*

Autrefois, c'étaient les conflits armés qui assuraient les croisements de races, désormais ce sont les transports. Les voyages ont tué la guerre.

*

Bavarder est reposant : ça évite de parler !

*

Beaucoup trop de gens se dissimulent derrière leur regard au lieu d'en faire leur lumière extérieure.

*

C'est marrant comme les hommes qui n'ont pas toujours l'âge de leurs artères possèdent immanquablement la gueule de leur saloperie.

*

Ce n'est pas la misère qui provoque le besoin d'égalité, mais la richesse.

*

Il y a des moments j'en arrive à me demander si vidangeur c'est un métier lucratif quand je regarde vos bouilles de constipés.

*

Le soldat français est le meilleur civil du monde.

*

Ce qui rend la vie rassurante, ce sont ses redites.

*

Certaines gens, plantés devant leur miroir, croient qu'ils réfléchissent, alors que c'est le contraire.

*

Comme on dit à l'armée : celui qui n'a pas de couilles au cul peut s'asseoir, mais ne va pas loin.

*

Créer le grade n'assure pas l'autorité des gradés, mais l'humilité des non-gradés.

*

Dans l'existence, il est important de se préparer des motifs d'échec, ainsi les réussites n'en sont que plus brillantes.

*

La merde fertilise les roses et, malgré tout, les roses sentent bon !

*

Etre vachard, c'est le lot de consolation du berné.

*

Certaines gens ont tellement honte d'emprunter qu'ils n'osent pas rendre.

*

Quand tu te penches sur la rivière et que tu te vois deux paires de couilles, n'en tire pas un orgueil trop hâtif, cela signifie simplement que tu es en train de te faire sodomiser.

*

Ah ! si tous les cons du monde pouvaient être moins nombreux !

*

De nos jours, les cultivateurs sont cultivés et les exploitants exploités.

*

Déconner, c'est se vider de la connerie acquise par osmose.

*

Les hommes veulent jouer aux intellectuels. Il leur faut des professions de foi, là où des frites suffiraient à les combler d'aise.

*

Des connards galonnés apprennent aux jeunes recrues que la patrie c'est leur mère, alors que c'est la mère qui est notre vraie patrie.

*

En politique, j'occupe une position similaire à celle du nombril : au-dessus des parties !

*

Etre est plus indispensable qu'avoir. Le rêve, c'est d'avoir de quoi être.

*

La base de la comptabilité, c'est l'actif et le passif, comme dans l'homosexualité.

*

N'éveillez pas le con qui dort, c'est toujours ça de pris.

*

Un invité, c'est une denrée putrescible. Ça ne se conserve pas.

*

La gendarmerie nationale, ce corps des litres !

*

Etre riche c'est posséder trop.

*

Quand j'entends discourir des cons au restaurant, je suis affligé, mais je me console en songeant qu'ils pourraient être à ma table.

*

Fais toujours chier tes subalternes, sinon ils seront déçus.

*

Il est grisant de pouvoir tout dire à qui peut tout entendre.

*

Ma seule richesse c'est de pouvoir gaspiller.

*

Entre toi et le roi des cons, il n'y a qu'une couronne de différence.

*

Il faut toujours donner aux autres l'impression qu'ils vous sont indispensables, quitte à leur prouver, s'ils la ramènent, qu'ils vous sont en réalité superflus.

*

L'homme a la possibilité d'exister seul, à preuve l'onanisme.

*

Le vrai désespoir, c'est de pleurer au soleil.

*

J'ai longtemps cru que j'avais le cul bordé de nouilles, avant de m'apercevoir qu'il s'agissait du ver solitaire.

*

J'ai toujours honte quand je vois pleurer ceux qui devraient rire et bouffer ceux qui devraient maigrir.

*

La droite me déclare de gauche, avec un clin d'œil ; la gauche de droite avec le même clin d'œil... de l'autre œil !

*

Faire semblant est un début de réalité.

*

Il n'y a que la première bombe H qui coûte.

*

La véritable indépendance consiste à dépendre de qui on veut.

*

Un policier auquel on passe les menottes, c'est aussi triste qu'un radiologue en train de développer son propre cancer.

*

Ce sont toujours les cons qui l'emportent. Question de surnombre !

*

La vie est là, simple et hors de prix.

*

Le bonheur d'un con fait toujours peine à voir.

*

Un politicien ne peut faire carrière sans mémoire, car il doit se souvenir de toutes les promesses qu'il lui faut oublier.

*

Il roule en Cadillac parce que le métro se paie comptant.

*

Bon et con, ça commence par la même lettre.

*

Il vaut mieux souffrir d'une absence que d'une présence.

*

On devrait pouvoir mettre ceux qu'on aime en hibernation afin de les dégivrer quand on a le temps de s'occuper d'eux.

*

On doit choisir entre s'écouter parler et se faire entendre.

*

L'obstination, c'est la volonté du con.

*

Il y a des gens qui disent la vérité comme une montre arrêtée donne l'heure : deux fois par jour et pas longtemps.

*

Le bon sens c'est ce qui vous permet d'être écouté quand vous n'êtes pas intelligent.

*

Le cœur et la raison se sont toujours foutu sur la gueule chaque fois qu'on les a mis en présence.

*

Les cons dangereux sont ceux qui luttent contre ta connerie pour t'imposer la leur.

*

Il y a des hommes qui prétendent que la plus belle conquête de l'homme, c'est le cheval. Ceux-là ne sont jamais montés à vélo !

*

Plus le maître est con, plus le chien est fidèle.

*

Les gens qui se complaisent à énumérer les défauts qu'ils n'ont pas feraient mieux de les avoir.

*

Ma photo est la chose au monde qui m'est la plus étrangère.

*

Il y a toujours une solution aux problèmes. Le tout, c'est de la trouver.

*

J'adore les gens optimistes : ils sont plus près de Dieu que les autres.

*

L'amour et le mépris sont des sentiments qui me permettent de supporter mes semblables.

*

La mort, c'est la noblesse du con.

*

Un jour, je me ferai ligaturer les trompes nasales, ça me permettra de mieux supporter mes contemporains.

*

Un malade finit toujours par dire oui : c'est ce qui rend les médecins si forts !

*

L'an dernier j'étais encore un peu prétentieux, cette année je suis parfait.

*

Il ne suffit pas d'avoir des actions en Bourse, encore faut-il avoir des bourses en action.

*

J'ai souvent envie de procéder à une mise au poing.

*

Deux hommes intelligents, d'idées opposées, trouvent beaucoup plus de choses à se dire que deux cons appartenant à un même parti.

*

Il faut de tout pour faire un con.

*

Les hautes fonctions nous valent un excès d'honneur suivi bientôt d'un excès d'oubli.

*

J'ai un fils adoptif. Il est préférable de réparer les erreurs des autres plutôt que d'en commettre soi-même.

*

Il vaut mieux se tromper en allant de l'avant que d'avoir raison en reculant.

*

J'aurais pu obtenir une Légion d'honneur. Mais à quoi bon gâter le revers d'un costume ? C'est bien assez avec les pigeons.

*

Jamais un officier ne fait davantage militaire que lorsqu'il est en civil.

*

Le jour où les tailleurs décideront de ne plus faire de revers, beaucoup de vieux cons perdront leur raison de vivre.

*

Le seul moyen d'enrayer la marée des cons, c'est de ne jamais faire l'amour sans préservatif.

*

Je dis ce que je pense qu'il faut dire pour avoir l'air de dire ce que je pense.

*

Si tu veux que les chiots de ta chienne soient bien traités, ne les donne pas, vends-les.

*

Ce qu'il lui faut à l'homme, c'est tartiner. Il a besoin d'être applaudi. Il expose le miel et cache la saumure.

*

Si un gouvernement totalitaire venait à supprimer le point de suspension, je n'écrirais plus qu'en braille.

*

Il existe les cons ; les moins cons ; les pas trop cons et les autres, c'est-à-dire les très cons, il n'y aurait donc rien de surprenant si certains lecteurs se reconnaissaient dans ces pages.

*

Il y a des gens qui nous dégoûtent tellement que ça nous gêne de les savoir mammifères à part entière. On les préférerait reptiles ou batraciens pour bien justifier notre répulsion.

*

Si on ne dit pas ce qu'on pense au moment où on le pense, on ne pensera plus ce qu'on dit au moment où on le dira.

*

La cécité fait loi.

*

Tout le monde est attentif à la météo, les cons plus que les autres.

*

Tu peux frapper un salaud : tu lui casseras peut-être le nez, mais tu ne le guériras pas de sa saloperie.

*

Les autres font ce qu'ils veulent de tes mots, tandis que tes silences les affolent. Tiens ta langue et ils se mettront en huit pour essayer de piger ce que tu ne dis pas.

*

L'une des grosses surprises de mon adolescence, ça a été de réaliser que mes supérieurs pouvaient être plus cons que moi. Avec grande naïveté, je m'imaginais que mes supérieurs m'étaient supérieurs !

*

Je ne recule que pour prendre mon élan.

*

A notre époque, les vieux cons sont de plus en plus jeunes.

*

Ah, mon Dieu, c'était donc pas assez que les hommes soient mortels ? Pourquoi les avoir faits si cons ?

*

Je suis un être d'appétit: une bouteille me donne soif, un lit sommeil et une femme envie de baiser.

*

Les gens heureux n'ont pas d'histoire; c'est pourquoi ils en font à tout propos.

*

On n'use jamais bien du fric qu'on emprunte et on ne dort plus de celui qu'on prête.

*

L'homme trop prudent attend qu'il soit trop tard.

*

L'ambition éloigne l'homme de lui-même : il se quitte pour arriver.

*

Notre drame, c'est que le dernier des cons n'est pas toujours le premier venu.

*

Lorsqu'on me fait un cadeau, il m'est tellement agréable que j'ai aussitôt envie de l'offrir à quelqu'un d'autre.

*

L'honneur, c'est comme les coquilles Saint-Jacques : bien lavé, ça ressert.

*

Il y a des mecs qui raffolent de l'odeur de la langouste et qui pourtant utilisent leur rince-doigts.

*

Soyez con en silence, c'est la moindre des politesses !

Il y a des gens que j'aime et que je traite de cons, mais il n'y a pas de cons auxquels je dis que je les aime.

*

L'apogée de la gloire pour une artiste consiste à descendre un escalier, alors que pour un politicien cela consiste à le monter.

*

L'argent ? J'appartiens à ceux qui en veulent suffisamment, pas à ceux qui en exigent beaucoup.

*

L'échelle des valeurs est en train de perdre ses barreaux.

*

Quand c'est toi qui chiales c'est un drame, quand c'est ton prochain, c'est un spectacle.

*

L'homme a commis la folie de proliférer, si bien que l'équilibre est rompu. Nous avons survécu par nos éjaculations, nous périrons par elles.

*

L'intelligence n'est que l'humilité d'un con qui ne sait pas encore qu'il est con.

*

Il est plus aisé de donner de l'argent que son temps.

*

Ce n'est pas un service à rendre aux gens que de leur passer la brosse à reluire lorsqu'ils ont de l'eczéma.

*

Il est préférable d'avoir de très gros défauts que de toutes petites qualités.

*

L'ingratitude est un gain de temps.

*

La plupart des gens que je fréquente gagnent à être méconnus.

*

Si les cons font la guerre, c'est parce que d'autres cons ont fait l'amour.

*

La Légion d'honneur ? A partir d'un certain âge, il faut disposer d'un sacré piston pour ne pas l'avoir !

*

La philosophie, c'est l'art de se compliquer la vie en cherchant à se convaincre de sa simplicité.

*

La plupart des gens doués ont appris à l'être.

*

L'ouïe, c'est ce qui nous reste quand la radio est en panne.

*

L'intermédiaire hiérarchique est un martyr de la société. Il a reçu tellement de coups de pied au cul de ses supérieurs qu'il ne peut plus s'asseoir et il en a tellement donné à ses inférieurs qu'il ne peut plus marcher.

*

La plupart des jeunes filles sérieuses se dévergondent poussées par la curiosité qu'elles ont du luxe. Les honnêtes travailleuses ne peuvent pas résister à l'attrait d'une belle bagnole ou d'un restaurant à la mode. On ne dira jamais ce que Ferrari et Lasserre trimbalent comme responsabilités dans la rubrique des premiers faux pas !

*

La politesse consiste à faire oublier aux autres que l'on est organique.

*

La popularité d'un homme se mesure aux cérémonies qui étalonnent sa vie. Ainsi, il y avait davantage de monde aux funérailles de Victor Hugo qu'à son baptême.

*

Je ne respecte pas le fric. Je suis dépensier par dédain.

⁂

Je suis anti-tabac. Je trouve stupide de se suicider en incommodant ses contemporains.

⁂

La vie est pleine d'alinéas.

⁂

Il vaut mieux un peureux qui assume sa peur qu'un courageux qui gaspille son courage.

⁂

Le futur n'est autre que du présent qui se précipite à notre rencontre.

⁂

Le monde est plein de mecs qui pensent faire leur devoir parce qu'ils font ceux de leurs enfants.

⁂

Le papier qui se vend le mieux, c'est le papier-cul : on se fait tous tellement chier !

*

Les hommes s'imaginent faire des enfants, alors qu'ils ne font que des hommes.

*

Il existe une manière de fouler le sol qui indique qu'on en est ou pas le propriétaire.

*

Il faut accepter ce qu'on ne peut refuser.

*

Si vous criez « bougre de con ! » dans la rue, tout le monde se retourne !

*

La vie privée n'est que la vie collective à dose homéopathique.

*

Le sentiment de supériorité commence à partir du moment où, sortant d'un cinéma, on croise les regards de ceux qui font la queue pour y entrer.

*

Le « si », c'est la conjonction du pauvre, au même titre que le « je » est le pronom personnel du riche.

*

La vie, c'est passer la rhubarbe à qui peut passer le séné. Or, comme les deux sont purgatifs, t'es certain qu'on va te faire chier !

*

Les arbres généalogiques, c'est comme les pommiers : il faut éviter de les secouer quand on est dessous.

*

Lorsque je rencontre de nouveaux cons, je m'aperçois que ceux que je fréquente ne sont pas si cons que ça !

*

C'est pas fait pour stagner, la viande : sitôt que l'homme s'interrompt d'agir, il pue.

*

Les hommes ont bien raison de réclamer la Légion d'honneur. Sinon, personne ne la leur proposerait.

*

Le succès donne du talent, l'autorité du courage.

*

Si tu laisses le temps au temps, il te baise.

*

C'est quoi le bonheur terrestre, sinon du soleil sur ton érection ?

*

Les beignes, c'est ce qu'il y a de plus duraille à faire admettre aux hommes. Quand ils en reçoivent, ils s'insurgent ou se soumettent, mais ils n'essaient pas de les comprendre.

*

J'ai tellement de chance que je suis obligé de la stocker pour les années à venir.

*

Les gens comptabilisent les services qu'ils vous rendent et tiennent la liste à votre disposition.

*

Les hommes sont faits pour s'entendre quand ils ne se tuent pas.

*

Les gens dits « de la bonne société » se sont toujours retenus de péter. Ils ont emmagasiné des siècles de gaz qui les étouffent.

*

Il est préférable d'être son ami que son ennemi, mais il n'a pas d'ami.

*

Moins on est de cons, plus on vit.

*

Il était à ce point économe qu'il avait fini par contracter l'avaricelle.

*

Les gens sincères sont des bourreaux.

*

Je ne connais qu'une forme d'amour-propre : elle s'opère à cheval sur un bidet.

*

Je ne possède que deux langages : la parole et les poings : quand le premier est trop abscons, je me rabats sur le second.

*

Les hommes sont incapables de se départir de leurs pensées quand celles-ci sont envoûtantes. Si vous saviez le nombre de coïts qui furent interrompus à cause d'une traite impayée...

*

Les jours passent lentement à une allure folle.

*

Prenez garde en traversant la vie : un con peut en cacher un autre.

Je ne serai jamais adulte, et après ? Il y a tellement de gamins qui le sont pour moi.

Je ne veux plus rencontrer personne. Au contraire, j'aimerais publier une annonce : lot important de relations à céder.

Il y a une justice puisque le con a l'air con.

Il est facile de pleurer avec un con. Mais rire avec lui est impossible.

Les muets diront ce qu'ils voudront, mais la parole aide à l'échange des rapports culturels et sexuels.

Les gens riches sont bedonnants, les gens célèbres sont chauves, les gens beaux sont cons, les gens gais sont tristes et les gens d'armes sont à plaindre.

*

Les souvenirs sont doux à qui les raconte. Chiants à qui les écoute.

*

Si on publiait l'annuaire des cons, nous serions tous surpris.

*

Toutes les princesses de rêve finissent avec la bouille de madame pipi.

*

Tu fais des gosses et tu attends qu'ils s'en aillent. Et puis, quand ils sont partis, tu attends qu'ils reviennent.

*

L'inaction, c'est la mère de tous les bâillements.

*

Les textes scolaires : il y en a beaucoup d'épelés mais peu de lus.

*

Les vacances, cinq minutes, ça va ; mais je ne passerai jamais professionnel.

*

L'homme sécrète des habitudes comme le ver à soie de la soie.

*

Le con et le bœuf ont en commun l'instinct de certitude.

*

Le con ne perd jamais son temps. Il perd celui des autres.

*

Lorsque tu as des chagrins, hâte-toi de pleurer : la peine ne se conserve pas.

*

Les grandes idées, c'est comme les cons : elles passent leur temps à se rencontrer.

*

Les histoires d'amitié sont comme les histoires d'amour : les héros meurent à la fin. C'est leur façon de bien finir.

*

Un con vivant est plus intelligent qu'un intellectuel mort.

*

N'hésitez jamais à priver vos mômes de dessert, surtout s'il n'y en a pas beaucoup et que vous l'aimez !

*

Ne cherche pas toujours à comprendre : fais confiance à ton mépris.

*

Nous autres, Français, avons la spécialité de ne réussir que ce que nous n'entreprenons pas.

Les individus se rencontrent toujours, ce sont les circonstances qui se rencontrent rarement.

Les jeunes, si leurs oreilles ne saignent pas quand ils branchent leurs chaînes stéréo, ils ne savent pas qu'ils existent.

Nous vivons dans une société où il faut faire valoir ses mérites. Surtout quand ils sont évidents.

On a trop tendance à fabriquer des autos avant les autoroutes et des gosses avant les écoles.

On croit certaines gens intelligents alors qu'ils n'ont que de la mémoire.

*

Il vaut le détour. Mais pas dans le sens où l'entendent les guides.

*

Il vaut mieux charrier des remords que des regrets.

*

On est comme on naît.

*

Un con est exquis pourvu qu'il se taise.

*

On a beaucoup de frais généraux, mais jamais de généraux frais.

*

Tout a un prix. La gratuité est un piège à cons.

*

On n'est pas au monde pour conquérir des places, mais pour les laisser à d'autres.

*

Un homme intelligent n'est pas autre chose qu'un con raté.

*

On ne meurt pas riche de ce qu'on a fait, on meurt pauvre de ce que l'on n'a pas fait.

*

Les bavards ne se taisent que par manque d'oxygène ou besoin de pisser.

*

On se figure que certaines gens sont tristes alors qu'ils ne sont qu'hépatiques.

*

On vit des temps où il est plus difficile de conserver que d'acquérir.

*

Pacifier consiste à bousiller les mécontents jusqu'à ce que les moins mécontents se déclarent très contents.

*

Peu importe qu'on voie ton cul si l'on ne voit pas en même temps ton visage.

*

Qu'est-ce que la cocaïne à côté d'une entrecôte Bercy ? Et la sodomie comparée à un grand Meursault ?

*

La vie, au fond, c'est un green de golf avec plein de trous sur le parcours et qui finit par un trou.

*

Ne fais pas le malin, ça te donnerait l'air davantage con, et de ce côté-là, tu dois absolument soigner ta ligne !

*

Pleurer, c'est l'hygiène de l'œil.

*

On ne peut pas se permettre de perdre son temps à autre chose qu'à perdre son temps.

*

Pour être heureux, il faut beaucoup dormir et bien déféquer. L'insomniaque et son cousin germain, le constipé, sont les damnés de la terre.

*

Quand ton foie cesse de se faire de la bile pour toi, fais-t'en pour lui !

*

Le vrai bonheur, c'est de l'eau fraîche, un cul et de la chaleur autour !

*

Quand on dit d'un homme qu'il est expert en la matière, cela ne veut pas fatalement dire qu'il est expert en merde.

*

Les êtres qui résistent à l'absence et demeurent intacts dans ton cœur se comptent sur l'annulaire d'une seule main.

*

Qui a dit que la vie était un recommencement ? Qu'est-ce que t'as déjà vu recommencer, toi, à part ta feuille d'impôts ? Et encore : la somme change à chaque fois.

*

Rescapé, c'est un sort enviable dans l'existence. On ne respecte pas les épargnants, mais on raffole des épargnés.

*

Rien n'est plus voluptueux pour un pas-con que d'être pris pour un con par un con.

*

Sans un minimum d'hypocrisie, on ne pourrait plus se fréquenter.

*

Selon les sondages, les Français consomment cinquante-huit rouleaux annuels de papier hygiénique par tête. Qu'est-ce qu'ils entendent par tête ?

*

Si tu n'as plus rien à attendre de la vie, un conseil : n'attends plus !

*

Tout individu qui rit est bon le temps de son rire.

*

Les larmes, c'est comme les crevettes grises, plus elles sont salées, meilleures elles sont pour la santé !

*

Tout se paie cash ! Pas content, mais cash !

*

Les lauriers sont tellement mieux à leur place dans le civet de lièvre que sur la tête d'un glorieux !

*

Comme c'est con, un con !

*

Toute carrière politique conduit à un échec dans le temps.

*

Tu paies les choses leur prix, et aussitôt elles le perdent.

*

Un chef, moins il parle, plus il est écouté.

*

Un voleur ça vole, bon, on sait à quoi ça correspond. Mais pourquoi un vandale vandalise ? Il n'a même pas l'opportunité d'assister à ta colère. Dans le fond, c'est un imaginatif.

*

Voyager aux côtés de certaines gens est aussi sympa que de manger une fondue dans une léproserie.

*

Un fonctionnaire des finances est une bête de sommes.

*

Un homme digne de ce nom n'a pas de parti mais des parties.

La culture,
c'est connaître
cent mots de plus
que les autres

Il avait un peu collaboré, histoire de se faire de l'argent de boche.

*

La devise des Kennedy : ne pas se laisser abattre.

*

– Je vous présente Monsieur de Balzac.
– Très honoré !

*

Je t'envie, moi dont le drame est de n'avoir jamais eu un seul San-Antonio à lire !

J'ai une culture tellement vaste que j'envisage de faire appel à la main-d'œuvre étrangère au moment de la récolte.

*

Je hais les mauvaises critiques, surtout si elles sont fondées !

*

La musique m'attire comme une bitte d'amarrage attire un homosexuel fatigué.

*

La plupart des écrivains font leurs livres chiants pour faire croire qu'ils sont longs.

*

Moi qui suis traduit en seize langues, je ne l'ai encore jamais été devant les tribunaux.

*

Les poètes comptent leurs pieds avec leurs doigts.

Les écrits s'en vont, les morts restent.

*

Les plus grands musées du monde ne contiennent que des butins.

*

Si un écrivain ne se forçait pas, il n'écrirait que lorsqu'il est malheureux.

*

Je crois qu'on me lit parce que j'écris gros.

*

Alexandre Dumas, le romancier qui a fait mieux qu'Agatha Christie, grâce à dix petits nègres.

*

Au même titre que l'automobile ou les vacances à Saint-Tropez, l'emploi du subjonctif est le rêve des humbles.

*

Peut-être serais-je san-antonien si je n'étais San-Antonio ?

*

Il y a tellement de rebondissements dans mes livres qu'on les croirait en caoutchouc.

*

J'ai connu des écrivains qu'un grand succès asséchait. C'est pour ça qu'ils sombraient dans l'alcool !

*

Les livres ne sont importants que pendant qu'on les écrit.

*

– Vous parlez un français très châtié !
– Qui aime bien châtie bien !

*

La loi de Joffre et de l'allemande.

*

Le chemin le plus long d'un point A à un point B, c'est la ligne droite. Le chemin le plus court d'un point A à ce même point A, c'est le cercle.

*

Le calembour représente l'unique point de jonction entre un imbécile et un génie.

*

J'enfile des pages et des pages avec la frénésie d'Henri III.

*

Je reconnais le pet comme mode d'expression. Il contient des vertus comiques certaines.

*

L'emmerde, avec nous autres poètes, c'est que lorsqu'on a de la peine, au lieu de la chasser, on lui cherche un titre.

*

La Fontaine était un homme affable.

*

L'italique est à l'imprimerie ce que le gros plan est au cinématographe.

*

L'Univers est plein de tordus qui se prennent pour Beethoven sans être capables de différencier une note de musique d'une note de restaurant.

*

La musique d'aujourd'hui adoucit les mœurs et rend sourd.

*

Le point de suspension, c'est ce qui vous reste à dire quand vous avez tout dit !

*

Les éditeurs, ce qui leur importe, c'est pas le Prix Nobel, mais le prix de revient.

*

Je suis la trousse de secours de la pensée populaire.

*

Les intellectuels, leur point faible, c'est le manque d'exercice. Tous les grands esprits finissent par se péter la gueule en sortant de leur baignoire.

*

Bien souvent les romanciers confondent dénouement et dénuement.

*

Le néologisme, c'est la langue qui fait ses besoins.

*

La ruée vers l'or ? Une partie de touche-pépites.

*

Van Gogh est à ma connaissance le seul homme qui ait pu dormir sur ses deux oreilles.

*

Plus j'y pense, plus je me dis qu'il n'y a aucune raison pour que le carré de l'hypoténuse soit égal à la somme des carrés des deux autres côtés.

*

Il ressemble à Louis XVI, mais il a au moins une tête de plus que lui.

*

Il est professeur de langues mortes mais ne pue pas de la gueule pour autant.

*

Mon œuvre, c'est un mur que je fabrique pour écrire des graffitis dessus.

*

Je médite tellement que mon éditeur me donne un coup de main.

*

Il restait aussi inébranlable que le mari de Lady Chatterley.

*

Comme disait Jeanne d'Arc en grimpant au bûcher : l'essentiel c'est d'être cru.

*

Un homme ne laisse derrière lui que l'œuvre de son désœuvrement.

Les putains sont comme les romanciers : elles travaillent sous pseudonyme !

Dans la fanfare littéraire, je tiens la grosse caisse.

– Votre mari n'est pas là, madame Eiffel ?
– Non, il est allé faire une tour.

Grouchy ? Y a mieux, mais c'est Blücher.

Le cercle n'est qu'une ligne droite revenue à son point de départ.

J'ai une gueule de bois qui intéresserait un sculpteur.

*

Les lettres autographes coûtent souvent cher lorsqu'elles sont anonymes.

*

Les musées ? Je déteste l'art en camp de concentration.

*

Vian ! Passe-moi les Ponge, comme disait un bibliothécaire occupé à classer les ouvrages des poètes français contemporains.

*

Quand je pense qu'on abat des arbres pour recueillir les incohérences de certains écrivains ! On ferait mieux de les y suspendre par le cou.

*

Rousseau a mis en plein dans l'Emile.

*

Si tu estimes que j'ai vraiment du génie, écris-le à maman, ça lui fera plaisir de constater que des gens pensent comme elle.

*

Les Fourberies de ce calepin.

*

Quand j'ai besoin d'un mot que ma langue me refuse, je l'invente !

*

Jeanne d'Arc n'a pas sauvé la France en étant guerrière, mais en étant combustible.

*

Napoléon Ier gardait la main dans son gilet parce qu'il souffrait de l'estomac. Rendons grâces à Dieu qu'il n'ait pas eu de maladie vénérienne.

*

Victor Hugo, de l'Académie française (on ne le précise jamais, car l'Académie n'est glorieuse que pour ceux qui ne le sont pas).

*

Ne redoute pas les mauvaises critiques : elles rendent les confrères bienveillants à ton égard.

*

Visez un peu les prix des bouquins chiants et comparez-les aux miens ! Je suis donné !

La vie commence
par un trou
et finit dans un autre

Perdre la tête est la meilleure manière de prendre son pied.

Quand un obèse pleure, on croit qu'il transpire.

Seuls les adeptes du yoga sont capables de péter plus haut que leur cul.

Si ton ennemi te sodomise, surtout ne bouge pas : tu risquerais de le faire jouir !

Il n'est rien de plus triste qu'un footballeur qui se shoote.

Je suis inquiet. Depuis quelque temps, plus je mange, moins j'ai d'appétit.

La salle était plus bourrée qu'un mineur polonais un jour de paie.

Ses yeux pétillaient comme un feu de serments.

Il entre dans ses charentaises avec lenteur et minutie, comme Alési dans sa formule 1.

Ses jambes étaient tellement maigres qu'on avait l'impression qu'elle tricotait sa jupe.

Il a donné son cygne allemand à la police.

*

Il porte un blouson simili cuir, col de polyester, boutons de plastique. Sans les dérivés du pétrole, il irait à poil.

*

Déclaration d'un sans-culotte: j'ai plus d'une corde à monarque !

*

Elle a dépassé la trentaine à tombeau ouvert, sans marquer le stop.

*

Elle est sourde à ne plus reconnaître sa main gauche de sa main droite.

*

Il m'arrive tellement d'emmerdes que je pourrais en distribuer autour de moi.

*

Je déteste le whisky en général et le bourbon en particulier, malgré la sympathie que j'éprouve pour Louis XVI.

*

Il s'est tellement fait cogner qu'il ressemble à un déraillement de chemin de fer en Haute-Volta.

*

Je dois lui parler en main propre.

*

L'arbitre de tennis, cousin germain du robot, frère de lait de la girafe, ami d'enfance du haut-parleur de gare !

*

L'ivrogne, on a toujours l'impression que ses pommettes vont saigner si on les touche.

*

Il a tellement changé qu'il a eu du mal à me reconnaître.

*

Le lancer de nain est un sport interdit en France, certains de mes amis ayant fait campagne contre, par crainte de servir de projectile.

*

– Est-ce qu'il y a de la salade de fruits ?
– Demain ! Aujourd'hui la corbeille n'est pas assez fatiguée.

*

Allons, enfants de l'apatride, le jour de gloire est tarifé !

*

Il est tellement gros que faire l'amour à sa femme équivaut, pour lui, à couler un destroyer depuis un sous-marin immergé.

*

Tout n'est pas cirrhose dans la vie, comme dit l'alcoolique.

*

Au cœur de l'hiver les rennes prenaient leurs élans, et les élans tiraient sur les rennes.

*

C'était un Asiatique. Ou un nain frappé d'hépatite virale.

*

Elle a des yeux qui feraient rougir un centenaire, et un balconnet qui lui ferait battre la mesure même s'il était manchot.

*

Il avait une voix à vous dégoûter de vos oreilles.

*

Mon front a grandi de vingt centimètres carrés au détriment de mes cheveux.

*

Le corbeau croasse, la grenouille coasse et le serbo croate.

*

Les flics le cherchent comme un prostatique les pissotières au Salon de l'auto.

*

On dit que les aveugles ne voient pas ; c'est faux : ils voient noir.

*

Un animal à la mode ? Mais le bœuf, voyons.

*

Avant de se faire maître d'école on se fait mettre des colles.

*

Ça lui va comme des hémorroïdes à un homosexuel.

*

Elle a la robuste franchise des gens dont le QI avoisine la température d'Helsinki au jour de l'an.

*

Il a du charme. C'est ce qui fait son charme.

*

C'est un officier dont les manches mesurent trente centimètres de plus que ses bras afin de pouvoir héberger tous ses galons.

*

Il fait tellement chaud que le temps qu'on te sorte une glace au rhum du frigo, tu te tapes un grog.

*

Je regarde l'homme écrasé par la voiture pour qui ses traites à payer ne revêtent plus le même caractère préoccupant.

*

Elle est à poil, pardon, à poils, car Dieu sait si elle en a !

*

Il a été assassiné. La gorge ouverte, il paraît rigoler avec son cou.

*

Je consulte ma montre, ce qui est préférable à consulter un spécialiste des maladies vénériennes.

*

Le dîner fut triste comme une branlette de veuf.

*

Les œufs de lump sont des plombs de chasse qui ont le goût de hareng et dont les bourgeois se servent pour faire des toasts au caviar.

*

On n'urine que dans un hôpital. Partout ailleurs, on pisse !

*

Ses varices escaladent ses jambes comme le lierre les troncs.

*

– Pour avoir une voiture comme celle-là, vous devez être très riche...
– Non, très dépensier.

*

Un bon conseil, mon gars : Choisy le Roi, Bourg la Reine et Jouy en Josas.

*

Avec sa gueule de cul, elle doit utiliser le papier hygiénique comme démaquillant.

*

Ça n'est pas le poids de son cerveau qui risque de fausser un pèse-lettre !

*

Il a l'air con du renard invité chez la cigogne.

*

Je me retire sans bruit, comme d'un cimetière, d'un cul frigide ou d'une soirée bourgeoise.

*

Le front aussi dégarni qu'une choucroute de restaurant à prix fixe.

*

On ne doit pas dire : « fier d'une paire de couilles », mais « faire d'une pierre deux coups ».

*

« Ce n'est pas celui qui l'avale qui rit », comme disait Richard Wagner quand il avait une arête dans la gorge.

*

Ces dames portent des bijoux dont le plus modeste renflouerait le déficit de la SNCF.

*

Ça vous la coupe, hein, comme disait un rabbin de mes amis.

*

Elle a le pubis si frisé qu'on dirait qu'elle est en train d'accoucher d'un noir.

*

Il a l'art de vous mettre à l'aise. A table, c'est toujours lui qui balance le premier rot !

*

– Bande de lâches ! Vous avez de la chance que je sois seul !

*

Il est aussi emmerdé qu'un type qui a bu trop de vin nouveau et qui a cru pouvoir faire un pet en douce.

*

Je risque de le perdre, comme disait une rosière dont les parents hébergeaient douze tirailleurs sénégalais en manœuvres.

*

Défense de baignade : danger de naïade.

*

Les petits garçons du village sont juchés sur les épaules de leurs papas (j'écris papa au pluriel car dans ces petits bleds on ne sait jamais qui est le père de qui).

*

On ne tire pas du sang d'une pierre, paraît-il. Eh bien, si, à condition de foutre la pierre sur la gueule d'un gars.

*

– Horrible : dans ce camp, on ébouillante les condamnés !
– ... ! à l'eau chaude ?
– Non, à l'eau froide pour que ça dure plus longtemps !

*

Si tu ne réagis pas rapidement on te souhaitera ta prochaine fête à la Toussaint.

*

C'est bon de manger. Ça fait digérer.

*

Un chien pressé se souvient toujours que la ligne droite est le plus court chemin d'un point à un os.

*

Cette grosse rombière est aussi appétissante qu'un sandwich rillettes oublié pendant deux mois sur un chantier.

*

Il a le visage hermétique comme la bourse d'un Ecossais né à Tel-Aviv.

*

Il est aussi sympathique qu'une grève des éboueurs en été.

*

Je suis plus importuné qu'un montreur de marionnettes qui aurait des morpions.

*

Le golf, c'est le caddie de mes soucis.

*

Les plus longs centimètres sont ceux des joueurs de pétanque.

*

Son intérieur est aussi folichon qu'un concours de pets dans un goulag.

*

Un lanceur de boomerang n'est en danger que s'il reste en place.

*

Elle a les yeux cernés comme la maison d'un fou sanguinaire.

*

C'est con, des parachutistes sans parachute.

*

Comme disait un fameux pétomane : « Il y a des jours on a beau se moucher, on ne se sent pas bien. »

*

Elle a les yeux verts, ce qui est bien pratique lorsqu'on veut passer pour un albinos auprès d'un daltonien.

*

Il a les dents si espacées qu'il lui est impossible de manger des lentilles en salade.

*

Il est beaucoup plus nu qu'au jour de sa naissance, puisqu'il l'est autant, mais sur une plus grande surface.

*

La larme est la goutte d'eau qui fait déborder l'âme.

*

« Et bien, vous avez eu de la chance ! » dit-on aux gens dont la malchance n'est pas allée au bout de son propos.

*

Je voyage toujours avec le triste minimum.

*

Les potirons ont de petites tiges. Les obèses également.

*

Paranoïaque comme il est, il a dû faire analyser le lait de sa mère avant de téter son sein.

*

Son nez ressemble à une carte de France consacrée aux voies navigables.

*

Un parfum inoubliable se glisse dans vos narines comme le fils de la maison dans le lit de la bonniche.

*

C'est le branle-bas, comme disait le cul de jatte.

*

L'apathie vient en mangeant.

*

Comme le dit mon tailleur : des mesures s'imposent.

*

– Comment allez-vous ?
– Je hâle bien, merci.

*

Il a pas inventé l'eau chaude, vu qu'il ne doit pas s'en servir.

*

La différence entre lui et une bouteille de whisky, c'est qu'il arrive à une bouteille de whisky d'être vide.

*

La ligne droite constitue le plus court chemin d'un poing à un autre.

*

Le journal gît sur le plancher, mort d'avoir été lu.

*

Les sièges sont tellement moelleux que si Jessie Norman venait s'y asseoir, il faudrait un palan pour la remonter.

*

Pardon d'employer si complaisamment le mot pet, mais il est dans le vent.

*

Son œil est souligné de deux petites rides : le chèque barré de l'âge.

*

Un piéton est un monsieur qui va chercher sa voiture.

*

C'est toujours dans les salles d'*attente* qu'on fait poireauter les *patients*.

*

Comme tous les chauffeurs de politiciens, il lit *L'Equipe* pendant que son patron sauve la France.

*

Elle est dodue comme une grasse matinée corse.

*

Les chauves: les déboisés du promontoire, les détergés du sommet, les dévastés du dessus, les décapés de la coupole, les dépoilés du cockpit, les hommes à la casquette en peau de fesse, les râpés de l'hémisphère nord, les scalpés du donjon, les surglacés de la touffe.

*

Il n'a plus de main ! Il est moignon tout plein !

*

Il est congestionné comme un homard à qui on raconterait des histoires gauloises dans un court-bouillon.

*

L'atavisme, c'est comme la syphilis : les enfants trinquent.

*

La moquette est tellement épaisse qu'on ne l'entretient pas avec un aspirateur mais avec une tondeuse à gazon.

*

Le lapin est un petit animal, grand amateur de carottes, que l'on dépêche à ses rendez-vous pour s'excuser lorsqu'on a un empêchement.

*

Quand le douzième coup de minuit a sonné, n'oublie pas de te croire demain, sinon la veille te semblera remonter à hier.

*

Pioncer nu équivaut à prendre un bain tiède.

*

Son strabisme est tellement divergent qu'il lui permet de lire deux journaux en même temps.

*

Un prince sans argent, c'est comme un taxi londonien sans essuie-glaces.

*

Heureux comme un eunuque qu'on vient de rembourser.

*

C'est un mec qui a la bougeotte. Une journée d'oisiveté, il lui pousse des champignons partout !

*

Il semble tellement vieux ! S'il n'a pas quatre-vingt-dix ans c'est que son père a attendu qu'il revienne du régiment avant d'aller le déclarer à l'état civil !

*

Il a un strabisme tellement divergent qu'il a toujours l'air de se surveiller les oreilles.

*

Je suis gaucher de la main droite.

*

Elle est tellement fardée que la palette des établissements Ripolin fait songer en comparaison à celle d'une maison spécialisée dans les accessoires funéraires.

*

Il a un casier judiciaire qui pourrait servir de promotion à Omo.

*

L'hindou déclina son nom de famine.

*

La place est plus déserte que la conscience d'un huissier.

*

Le meilleur moyen de ne pas se cogner sur les doigts en enfonçant un clou, c'est de tenir le manche du marteau à deux mains.

*

Moche à apitoyer une femme laide.

*

Plus velu que toi, ça existe, mais au zoo seulement, et ça se masturbe en public.

*

Son visage est si aplati qu'il pourrait lui servir à s'asseoir.

*

Une bouille comme la sienne, on la met dans un pantalon, c'est plus convenable !

*

Elle fait des cafés serrés comme des pucelles en guêpières.

*

C'est un vieil animateur pour noces et banquets de grande banlieue qui est à Patrick Sébastien ce qu'un comprimé d'aspirine est à l'hôpital Beaujon.

*

Il est tellement blond que s'il se payait une sieste dans un champ de blé on le moissonnerait sans s'en apercevoir.

*

L'hypothèse la mieux élaborée ne saurait remplacer la réalité la plus bancale.

*

Il avait tellement d'urémie que ses veines lui servaient de vessie.

*

Il geint comme un avare devant le paquet de titres russes de son grand-papa.

*

Pour tromper l'attente (comme disait mon oncle)...

*

Le message est aussi dur à déchiffrer que le verbe surseoir conjugué au passé composé.

*

Nous avions autant de chance de nous en tirer que le type qui prétendait décercler un tonneau de poudre avec une lampe à souder.

*

Il paraissait tellement au bout du rouleau que les croque-morts devaient le jouer à la belote.

*

Sur ces entrefesses, comme disait un marchand de thermomètres.

*

Elle me roule une pelle, dont la durée nécessiterait un tuba chez un individu n'ayant pas ma capacité thoracique.

*

Une chambre fraîche comme le cul d'un champion de bob.

*

C'est une belle enfant, avec des troupes aéroportées sur le devant et un moteur flottant à l'arrière.

*

Il a une bouche épaisse comme deux hamburgers superposés.

*

Il possède cet air perplexe des gens décidés à tuer mais qui ne savent sur qui fixer leur choix.

*

– Est-il indiscret de vous demander pour le compte de qui vous êtes ici, cher monsieur ?
– Me le demander ne constitue pas une indiscrétion, mais vous le dire en serait une.

*

L'obèse perd sa queue de vue.

*

La différence qui existe entre elle et une plante verte, c'est qu'on ne met pas de robe à une plante verte.

*

Le 2 janvier, c'est le Poulidor de l'année.

*

Le microbe, la flotte c'est son domaine. Voilà pourquoi je bois toujours le whisky sec.

*

Quand on voit ta gueule, on rêve de devenir Ray Charles.

*

Tondu, le chien paraît à poil, ce qui est cocasse, non ?

*

Il aurait su écrire, il aurait pris de l'avancement ! Seulement il ne faisait que des croix. Ses rapports, on aurait dit le plan du Père-Lachaise !

*

Il était aussi sympa qu'un gravier dans une godasse.

*

Il refuse le sandwich qu'on lui propose, comme une sœur de charité repousse la zézette d'un manœuvre étranger.

*

La bourrade est la caresse du chef.

*

Le cardiaque touche son cœur et sa fesse.

*

Le mouton bêle à perdre sa laine.

*

Roupiller comme les habitants d'Orly un matin où il y a grève totale du personnel navigant.

*

Toulouse-Lautrec (score final 0-0).

*

A côté de lui, les peintures de Goya c'est une publicité pour Cadum.

*

Elle portait un solitaire qui, vu sa taille, ne pouvait se permettre de vivre en famille.

*

Il faut battre le frère pendant qu'il est chauve.

*

Il roulait les R pour les faire avancer plus vite.

*

Le nombril n'est pas fait pour être regardé, mais pour porter des drapeaux dans les défilés.

*

S'il ne fumait pas le cigare, on pourrait prendre sa figure pour une paire de fesses.

*

Il avait le visage fendu comme la culotte d'un obèse venant de trouver cent francs.

*

Il faut être dentiste pour savoir combien l'ail et l'oignon sont vulgaires.

*

Il s'illustra en proclamant un ordre du jour en pleine nuit.

*

Le pédé s'éloigne en tortillant son gouffre à suppositoires.

*

Sa jupe lui colle aux fesses comme une main de soudard.

*

Elle porte un déshabillé tellement transparent qu'on a l'impression qu'elle s'est fringuée avec la fumée de cigarette.

*

– Tu ne portes pas de slip ?
– J'y ai renoncé, ils étaient tout de suite sales.

*

Il faut sucer une pastille Valda, messieurs, ou moi, mesdames.

*

Il saute sur l'occasion comme une tribu de morpions sur un pubis négligé.

*

Le petit matin est froid comme les fesses de ta femme quand elle ne couche pas avec moi.

*

Sa vie n'intéresserait même pas un spécialiste des voies urinaires.

*

Il avait tellement pris de ventre que pour pisser, il lui fallait un rétroviseur et une pince à cornichons.

*

Il force la sympathie avec un pied de biche.

*

Il se déplaçait lentement, comme une pensée de gardien de la paix.

*

Sa voix est froide comme une épouse de pasteur mormon.

*

Le pétomane est mort. Pet à son âme.

*

Elle porte un pantalon qui lui moule les fesses comme une pelure d'oignon son oignon.

*

Il fume un cigare tellement long que je suis fort surpris de ne pas voir reposer son extrémité sur un trépied.

*

Il se précipite sur moi comme un soldat amoureux sur le vaguemestre.

*

Le *préfacier* reste affalé sur sa partenaire (ne vient-il pas de lui faire une introduction ?)

*

Sabre au clerc ! comme disait un notaire efféminé.

*

Il avait une tête à prendre de l'aspirine quand on lui demandait combien font deux et deux.

*

Avec son costard blanc, on dirait un premier communiant ou un veuf tiré en négatif.

*

Il sèche comme le clitoris d'une chaisière qui n'a plus la possibilité d'ouïr les secrets du confessionnal.

*

Il me broie la main droite pour me dire bonjour, et je décide aussitôt de devenir gaucher pour lui dire au revoir.

*

Il y a des gens qui vous font bonne mine par-devant et qui vous flanquent des coups de pied dans le ventre par-derrière.

*

Le Ricard, c'est la plus belle conquête de l'eau !

*

Les chasse-d'eau sont toujours bruyantes. On marche sur la lune, mais nettoyer la merde silencieusement est encore à l'étude.

*

Elle reste sur sa réserve, comme un chef indien.

*

Il me surveille comme tu surveilles ta belle-mère aveugle quand tu la promènes au sommet des falaises d'Etretat.

*

Il y a deux sortes d'automobilistes : ceux qui sont au volant de leur voiture et ceux qui en sont descendus. Les premiers s'appellent les affreux chauffards et les deuxièmes les horribles piétons.

*

Les deux hommes sont de la même mère mais pas de la même paire.

*

Il n'a pas davantage sommeil que dix douzaines d'escargots dans cinq kilos de sel.

*

Il y avait des queues énormes devant les cinémas, principalement devant ceux qui projetaient des histoires de fesse, ceci étant la conséquence de cela.

*

Il n'a pas plus d'alibi qu'un pet dans le métro aux heures de pointe.

Ceux d'ailleurs
et les agités
du focal

Je n'ai rien contre les Hollandais, mais je ne pige pas à quoi ils servent.

*

Il paraissait tellement anglais qu'on avait envie de le secourir.

*

Il n'existe pratiquement aucune différence entre un Anglais en érection et un Italien impuissant.

*

Rien de plus affligeant que des ricains à table, sinon des hindous en train de déféquer.

*

Les Chinois mangent avec des baguettes parce qu'ils font de la cuisine trop chaude.

*

Les touristes, ça m'a toujours couru sur la prostate, leur manière de tout vérifier par rapport aux guides qu'ils trimbalent. Ils n'admirent pas : ils confrontent.

*

Un Italien qui bégaye, ça passe complètement inaperçu.

*

Je suis de ceux qui emportent leur nougat à Montélimar et leur saucisse à Francfort.

*

Si l'Acropole était neuve, personne n'y ferait attention.

*

On voit toujours le Chili de profil.

*

L'espagnol est une langue douce et gutturale : il faut une angine pour choper l'accent.

*

L'allemand est une langue qui s'aboie.

*

Un jour les océans disparaîtront : que de beaux parkings en perspective !

*

Les toréadors enfilent leurs pantalons avec un chausse-pied.

*

Les Anglais sont au genre humain ce que les dinosaures furent au genre animal. En moins sympas.

*

Bientôt la différence qu'il y aura entre un franc et un dollar, ce sera un dollar.

*

A Londres, il n'y a aucune différence entre la vitrine d'un marchand d'abat-jour et celle d'une modiste.

*

Aux Etats-Unis, avec deux bourbons bien tassés, on devient aussi intelligent que n'importe qui.

*

Dans la bouche d'un Marseillais, une onomatopée devient un alexandrin.

*

Excepté le français, je ne comprends que le monégasque moderne, le québécois, le wallon et le romand.

*

Elle connaît quelques mots d'allemand; moi aussi; l'emmerde c'est que ce ne sont pas les mêmes.

*

Etre allemand, lorsqu'on est flic, c'est l'être deux fois !

*

Il est impossible de visiter l'Egypte sans commencer par le British Museum.

*

Il est superbe, le prince Charles, avec son air d'avoir l'air con par inadvertance.

*

Il est tellement noir qu'on dirait un Suédois en négatif.

*

La France est la plus belle France du monde.

*

On dira ce qu'on voudra des Anglais, mais ils sont d'un commerce bien agréable dans les moments d'exception. C'est chouette de trouver un type qui rajuste sa cravate lorsqu'il y a panique ou qui fourbit ses chausssures avant de périr dans un incendie.

*

Un Italien en pétard, ça donne un air d'accordéon. Un Arabe, tu as l'impression de renverser une brouettée de gravier sur un toit de tôle. Un Français, tu te marres, parce que c'est riche en superbes métaphores. Même un Anglais, tu supportes. Avec l'Allemand, ça devient tout de suite la bande sonore d'un film de guerre !

*

Les vacances ? Dès le deuxième jour, l'ennui commence sitôt le petit déjeuner expédié. On va acheter des cartes postales qu'on adresse à des truffes qui s'ennuient autre part en vous écrivant les mêmes.

*

En Grèce, un homme inverti en vaut deux.

*

Le prodige de la France, ce n'est pas qu'elle soit toujours sauvée, c'est qu'elle soit toujours sauvable.

*

Paris sera toujours Paris. Qu'est-ce que tu veux qu'il fasse d'autre ?

*

Ce qui différencie un pauvre paysan suisse d'un riche paysan suisse, c'est que le pauvre lave lui-même sa Mercedes.

*

A Los Angeles, les distances sont si considérables que tout piéton est suspect.

*

Je m'harmonise bien avec les Anglaises. Leur refoulement cadre pile avec mes appétits comme les branches de mes lunettes avec mes oreilles.

*

Iranien qui ira le dernier !

*

Kadhafi ? Tripoli pour être honnête.

*

L'Amérique ne commence jamais les guerres : elle les termine.

*

La caste supérieure mise à part, en Inde seuls les pantalons bouffent.

*

Le roi Baudouin était est un homme très bien, sérieux sous tous les rapports, qui aurait fait un excellent expert-comptable si la fatalité ne l'avait placé sur le trône.

*

La Suisse est une étrange France.

*

La force du Suisse c'est qu'il sait marcher à plat sur ses sommets. C'est un montagnard qui a le pied marin.

*

La France et l'Allemagne se sont beaucoup combattues. Et à présent elles sont cul et chemise. C'est l'Allemagne qui fait la chemise.

*

La parole a été inventée pour les Italiens, mais elle ne leur suffit pas puisqu'ils s'expriment surtout par gestes.

*

Magie éternelle de l'objectif. Tu braques un Kodak, illico tout le monde rectifie la position, adopte une attitude favorable, se met en état de photo. Les gros se mordent les joues pour avoir l'air moins gros et rentrent leur bonbonne ; les maigres s'élargissent la cage à cerceaux. Les déplumés se rabattent les derniers tifs sur leur chemin de ronde à mouches ; les gonzesses se lissent les plumes. Bref, c'est la préparade éclair.

*

Le dollar est un espéranto.

*

Le jour où on voudra bousiller la moitié de la population allemande, il n'y aura qu'à lâcher une bombe H sur les Canaries entre Noël et le Jour de l'An.

*

Le Lapon, emporté par son élan...

*

Le sourire du Sénégalais ressemble au balcon d'un chalet au plus fort de l'hiver.

*

Les Allemands, quand tu leur abandonnes l'Alsace-Lorraine, ils te demandent si tu as bien vidangé les chiottes avant de partir.

*

Les Américains ont inventé le chewing-gum pour faire patienter le tiers-monde.

*

Les Anglais sont à l'amour ce que les bâtons tracés sur un cahier d'écolier sont à l'examen d'entrée de l'Ecole des mines.

*

Les centenaires siciliens sont des gens qui ne se sont jamais occupés de leur prochain.

*

Les Américains n'ont en commun avec Einstein que la seconde nationalité de ce dernier.

*

Les Danoises font passer leur clitoris avant leur mère dans l'échelle des valeurs.

Les Italiens se font tous appeler *Dottore* à compter du certificat d'études.

*

Les serrures italiennes ont tellement l'habitude d'être violées qu'elles ne mettent même pas de culotte !

*

On n'est davantage grec de père en fils que de mère en fille.

*

Quand tu regardes exister un Anglais, t'arrives pas à te figurer qu'il fonctionne lui aussi à l'embroque. Tu comprendrais mieux qu'il soit né dans un chou.

*

Une île serait un endroit enchanteur si elle n'était entourée d'eau.

Ah ! si Dieu n'avait pas
fait le Malin !

Je me demande si la mort vaut vraiment le coup d'être vécue.

*

Dieu propose et la sclérose en plaques dispose.

*

Les cimetières sont éclairés au néant.

*

Mon passé me vieillit.

*

On meurt de tout, principalement de vivre.

*

Ce qui console de la mort des amis, c'est qu'ils laissent des veuves.

*

Un péché réussi est préférable à une bonne action ratée.

*

Les morts vieillissent mal.

*

Dégueule-t-on au paradis ?

*

Puisque notre destin commun est de finir dans un trou, fasse le ciel qu'il ait du poil autour !

*

Où es-tu pauvre mort qui te prétendais immortel ?

*

J'ai bien davantage peur de la vie que de la mort.

*

On devrait passer sa vie à dire adieu à ceux qu'on aime.

*

Je sais que je mourrai des suites d'une longue convalescence.

*

Les hommes ne savent pas vivre ! Heureusement qu'ils meurent !

*

Chaque jour à vivre est une victoire. Chaque jour vécu une défaite.

*

La seule justification du péché c'est qu'il fait du bien par où il passe.

*

Il m'aura fallu un demi-siècle pour devenir ce que j'étais.

*

L'âge est une inondation.

*

Le temps, tout comme un conjoint, c'est dans un lit qu'on le trompe le mieux.

*

Il est trop vieux pour exister.

*

Les gens que tu couches sur ton testament ne dorment que d'un œil.

*

L'existence est une immense fabrique de vieillards.

*

Ma santé ne décline pas : elle s'incline.

*

Nous avons beau être ou ne pas être, nous sommes !

*

Il est des gens dont on dit que « l'âge leur va bien ». C'est l'usure qui les répare, en somme.

*

Il était si vieux qu'il avait l'air d'un oubli.

*

L'odeur, c'est la vie. Ne puer qu'une fois mort est un manque de personnalité.

*

Tu verras comme jadis vient vite !

*

Il fut un temps où j'ignorais que les gens âgés sont vieux d'avoir vieilli ; je les croyais vieux de naissance.

*

– Qu'est-ce qui ne va pas ?
– La vie.
– Je connais : je l'ai eue.

*

Dieu a créé le guerrier mais aussi son repos.

*

La vieille devait être beaucoup plus grande quand elle était petite.

*

Je trouve atroce de passer aux morts leurs habits du dimanche. S'habille-t-on pour aller se coucher ?

*

Pascal s'est aussi bien décomposé que ceux qui ne l'ont jamais lu.

*

Quand je pense à tout ce que Dieu m'a fait ! A commencer par moi !

*

Si tu restes athée c'est que tu es de mauvaise foi.

*

Tu ne peux pas te consacrer à une religion si tu as de l'arthrose aux genoux.

*

Jésus ? Buffalo Bible.

*

La mort est fatale aux gens célèbres.

*

On se met à devenir vieux sitôt qu'on cesse de grandir.

*

Croyez en Dieu, vous cannerez plus facilement. Renoncer est moins duraille quand on se sait attendu.

*

Si tu as un pied dans la tombe, fais-le couper.

*

Je suis un vieux fœtus blasé. Ma vie m'aura servi de leçon. Je ne recommencerai jamais plus.

*

Elle implore le Seigneur de la guérir de son psoriasis. Comme si Dieu était dermatologue !

*

Il faudrait pouvoir mourir de temps en temps, histoire de se refaire une santé.

*

Ça ne m'intéresse pas tant que ça d'être assis un jour à la droite de Dieu ; j'aimerais mieux être assis en face de lui.

*

L'abdication des vieillards est toujours plus ou moins feinte.

*

La foi, c'est prier un doute pour qu'il protège des réalités.

*

La seule chose que mon fils me pardonne mal, c'est d'être né avant lui.

*

Vieillir, c'est un jour de moins chaque soir.

*

La vie est le choix du moindre mal.

*

Les vieux ne se suicident pas, c'est plus de leur âge !

*

Ma mère m'a donné la vie et la mort.

*

On n'a que l'âge de ses jarretières.

*

Un jour je deviendrai maigre et poli, parce que mort et silencieux.

*

Rester debout est un luxe dont nous ne profiterons jamais assez, nous futurs horizontaux définitifs.

*

– C'est une histoire triste ?
– Pire, vécue.

*

Vieillard qui dort est près de la mort.

*

Toutes les têtes sont en os, la viande n'est qu'un fard léger.

*

Fasse Dieu qu'on ne puisse visser le couvercle de ma bière sans y avoir percé un trou !

*

Un mort et un cocu ont en commun l'ignorance de leur état.

*

La vie ? On sort du confort absolu, un coup de ciseaux et on commence à mourir.

*

Il est temps que Dieu monte à la tribune, sinon Il risque de ne pas repasser aux prochaines élections.

*

J'aime pas que les jeunes croient en Dieu : c'est pas de leur âge. Ils mangent leur pain bénit le premier.

*

Tous les vieillards ont des choses intéressantes à dire, dommage qu'ils les disent avec leurs gencives.

*

En cendres ! Quelle idée ! On est catho de naissance. Nous autres, notre finalité, c'est l'asticot. Pas ragoûtant, mais on est soumis à cette fatalité. On se déconstitue patiemment dans nos tombes. On opère le dur strip-tease : la peau, la viande, et vous les os devenez cendre et poudre ! Brûlé, c'est sans doute plus hygiénique, mais impertinent. Tu n'as pas le respect de tes parents qui t'ont conçu, mijoté, fabriqué presque comme on tisse une tapisserie. T'anéantis d'un coup de monstre chalumeau ce cadeau infini. Non, non, l'ami ! L'asticot ! L'asticot ! Notre pote.

*

L'être humain prie comme il se masturbe : en secret.

Je serais à la place de Dieu, je ferais remplir des formulaires d'imploration. Nature de la requête, motif de votre prière, que proposez-vous en cas d'exaucement ?

*

La religion musulmane est la mieux équipée : pas de porc, pas d'alcool, ramadan une fois l'an, égale zéro de cholestérol ; chez eux, l'infarctus court pas les souks !

*

La vie va vite. Quand tu as des lettres de condoléances à expédier, ne tarde jamais, sinon lorsqu'elles arrivent à destination, le récepteur ne sait même plus de quoi il s'agit.

*

On souscrit une assurance-vie parce qu'elle ne s'appelle pas assurance-mort.

*

Le *Figaro* existe : Dieu y a rencontré Frossard !

On a souvent vu des vivants faire semblant d'être morts. Mais jamais des morts faire semblant d'être vivants.

*

Le moine ne bouffait plus de religieuses depuis qu'il avait du diabète.

*

Mourir : se foutre aux abonnés absents, avaler son extrait de naissance, avoir la communication avec l'au-delà, déposer son bilan, aller engraisser les asticots, s'habiller en engrais azoté, aller se faire offrir des chrysanthèmes à la Toussaint, sortir son train d'atterrissage, prendre un billet pour Gazonville, raccrocher sa clé au tableau, avoir rencart avec ses asticots personnels.

*

Quand je pense qu'une fois à l'horizontale, sur le boulevard des allongés, il faudra côtoyer les mêmes connards qu'au temps de la verticale, j'ai des picotis dans les aumonières !

*

La seule chose qui me gêne dans la mort, c'est ce gros tas de viande qu'on laisse aux autres en s'en allant.

*

– C'est vrai qu'on agrandit le cimetière ?
– Que veux-tu : la vie continue.

*

Le tort de Notre Mère l'Eglise, c'est de ne pas assez canoniser. Elle est trop parcimonieuse pour ce qui est d'installer le néon. Ça décourage !

*

Lourdes où, de temps en temps, le Seigneur guérit un paralytique, manière de faire chier les autres.

*

Mes dents se déchaussent quand je visite une mosquée.

*

Mon Dieu, je vous en supplie, qui que vous soyez, soyez !

*

– Ça n'a pas l'air d'aller fort, grand-père ?
– Je suis vieux !
– Ça vous passera !

*

Mon passé est plein de gens que j'ai aimés à en mourir et qui sont morts sans que j'en meure.

*

Ne vous moquez pas des morts. Votre tour viendra. Que dis-je : il est déjà venu puisque vous êtes nés !

*

Mon Dieu, que Votre volonté soit fête !

*

Un baptisé pleure toujours, c'est pourquoi on le tient au-dessus d'un récipient.

*

La seule chose qui m'ennuie dans la mort, c'est d'être absent.

*

Pour la prière aux saints du paradis, j'ai un tuyau ! Le meilleur créneau, c'est les auréolés modestes, les petits, les sans-grade. Pas les stressés, les surmenés, les Matthieu, Marc, Pierre, Marie, Thérèse... Non, ceux qui se les roulent là-haut ; les Godefroy, Magne, Nazaire, Quentin, Evariste, Anselme, Fridolin : moins ils sont connus, plus ils te concèdent ! Saint-Pierre, on fait la queue devant son auréole. Il ne sait plus où donner de la barbe. Tandis que les obscurs, eux, ne demandent qu'à se remuer !

*

Ils sont sur le qui-meurt (parce qu'enfin, être sur le qui-vive, c'est de l'optimisme !).

*

Un curé en chaire et en noces.

*

J'ai pleuré sur trépas.

*

La vie ne sert qu'à mourir.

*

Le monde est plein de gens qui, à peine adultes, se mettent à mourir consciencieusement.

*

Le vrai tombeau des morts, c'est le cœur des vivants.

*

Un rabbin qui avait l'air de vouloir racheter les péchés du monde aux meilleures conditions.

*

Les mourants, même quand tu les aimes, finissent par te les briser à force de ne plus en finir de finir.

*

Même la mort ne nous délivre pas des *concessions* : une fois clamsé on nous fout dedans.

*

Veille un mort, et tu sauras ce que l'aube signifie !

*

Tu vois des gens : tu les salues. Tu les revois : ils sont vieux. Tu ne les revois plus : ils sont morts !

*

Humus, fin de section !

REMERCIEMENTS DE L'ÉDITEUR

À Gérald Augé, Jean Brousse, Françoise Dard, Marie-France Dayot, Claude Dequêne, Jérémie Gazeau, Gérard Maoui, Alain Mingam, Géraud Pivert, Gérard Ragueneau et Hubert Robin pour l'aide qu'ils ont apportée dans la réalisation de cet ouvrage.

BIBLIOGRAPHIE

Laissez tomber la fille.
Les souris ont la peau tendre.
Mes hommages à la donzelle.
Du plomb dans les tripes.
Des dragées sans baptême.
Des clientes pour la morgue.
Descendez-le à la prochaine.
Passez-moi la Joconde.
Sérénade pour une souris défunte.
Rue des Macchabées.
Bas les pattes !
Deuil express.
J'ai bien l'honneur de vous buter.
C'est mort et ça ne sait pas !
Messieurs les hommes.
Du mouron à se faire.
Le fil à couper le beurre.
Fais gaffe à tes os.
A tue... et à toi.
Ça tourne au vinaigre.
Les doigts dans le nez.
Au suivant de ces messieurs.
Des gueules d'enterrement.
Les anges se font plumer.
La tombola des voyous.
J'ai peur des mouches.
Le secret de Polichinelle.
Du poulet au menu.
Tu vas trinquer, San-Antonio.
En long, en large et en travers.
La vérité en salade.
Prenez-en de la graine.
On t'enverra du monde.
San-Antonio met le paquet.
Entre la vie et la morgue.
Tout le plaisir est pour moi.
Du sirop pour les guêpes.
Du brut pour les brutes.

J'suis comme ça.
San-Antonio renvoie la balle.
Berceuse pour Bérurier.
Ne mangez pas la consigne.
La fin des haricots.
Y a bon, San-Antonio.
De « A » jusqu'à « Z ».
San-Antonio chez les Mac.
Fleur de nave vinaigrette.
Ménage les méninges.
Le loup habillé en grand-mère.
San-Antonio chez les « gones ».
San-Antonio polka.
En peignant la girafe.
Le coup du père François.
Le gala des emplumés.
Votez Bérurier.
Bérurier au sérail.
La rate au court-bouillon.
Vas-y Béru !
Tango chinetoque.
Salut, mon pope !
Mange et tais-toi.
Faut être logique.
Y a de l'action !
Béru contre San-Antonio.
L'archipel des Malotrus.
Zéro pour la question.
Bravo, docteur Béru.
Viva Bertaga.
Un éléphant, ça trompe.
Faut-il vous l'envelopper ?
En avant la moujik.
Ma langue au Chah.
Ça mange pas de pain.
N'en jetez plus !
Moi, vous me connaissez ?
Emballage cadeau.
Appelez-moi chérie.
T'es beau, tu sais !
Ça ne s'invente pas.
J'ai essayé : on peut !
Un os dans la noce.
Les prédictions de Nostrabérus.
Mets ton doigt où j'ai mon doigt.
Si, signore.
Maman, les petits bateaux.
La vie privée de Walter Klozett.
Dis bonjour à la dame.
Certaines l'aiment chauve.
Concerto pour porte-jarretelles.
Sucette boulevard.
Remets ton slip, gondolier.
Chérie, passe-moi tes microbes !
Une banane dans l'oreille.
Hue, dada !
Vo au-dessus d'un lit de cocu.
Si ma tante en avait.
Fais-moi des choses.
Viens avec ton cierge.
Mon culte sur la commode.
Tire-m'en deux, c'est pour offrir.
À prendre ou à lécher.
Baise-ball à La Baule.
Meurs pas, on a du monde.
Tarte à la crème story.

On liquide et on s'en va.
Champagne pour tout le monde !
Réglez-lui son compte !
La pute enchantée.
Bouge ton pied que je voie la mer.
L'année de la moule.
Du bois dont on fait des pipes.
Va donc m'attendre chez Plumeau.
Morpions Circus.
Remouille-moi la compresse.
Si maman me voyait.
Des gonzesses comme s'il en pleuvait.
Les deux oreilles et la queue.
Pleins feux sur le tutu.
Laissez pousser les asperges.
Poisson d'Avril, ou la vie sexuelle de Lili Pute.
Bacchanale chez la mère Tatzi.
Dégustez, gourmandes !
Plein les moustaches.
Après vous s'il en reste, Monsieur le Président.
Chauds, les lapins !
Alice au pays des merguez.
Fais pas dans le porno...
La fête des paires.
Le casse de l'oncle Tom.
Bons baisers où tu sais.
Le trouillomètre à zéro.
Circulez y'a rien à voir.
Galantine de volaille pour dames frivoles.
Les morues se dessalent.
Ça baigne dans le béton.
Baisse la pression, tu me les gonfles !
Renifle, c'est de la vraie.
Le cri du morpion.
Papa, achète-moi une pute.
Ma cavale au Canada.
Valsez pouffiasses.
Tarte aux poils sur commande.
Cocottes-minute.
Princesse Patte-en-l'air.
Au bal des rombières.
Buffalo Bide.
Bosphore et fais reluire.
Les cochons sont lâchés.
Le hareng perd ses plumes.
Têtes et sacs de nœuds.
Le silence des homards.
Y en avait dans les pâtes.
Al Capote.
Faites chauffer la colle.
La matrone des sleepinges.
Foiridon à Morbac City.
Allez donc faire ça plus loin.
Aux frais de la princesse.
Sauce tomate sur canapé.
Mesdames vous aimez « ça ».
Maman, la dame fait rien qu'à me faire des choses.
Les huîtres me font bâiller.

Turlute gratos les jours fériés.
Les eunuques ne sont jamais chauves.
Le pétomane ne répond plus.
T'assieds pas sur le compte-gouttes.

Hors série :

L'Histoire de France.
Le standinge.
Béru et ces dames.
Les vacances de Bérurier.
Béru-Béru.
La sexualité.
Les Con.
Les mots en épingle de Françoise Dard.
Si « Queue d'âne » m'était conté.
Les confessions de l'Ange noir.
Y a-t-il un Français dans la salle ?
Les clés du pouvoir sont dans la boîte à gants.
Les aventures galantes de Bérurier.
Faut-il tuer les petits garçons qui ont les mains sur les hanches ?
La vieille qui marchait dans la mer.
San-Antoniaiseries.
Le mari de Léon.
Les soupers du prince.
Dictionnaire San-Antonio.
Ces dames du Palais Rizzi.
La nurse anglaise.

Œuvres complètes :

Vingt-quatre tomes parus.

TABLE

L'HUMOUR
AU CHERCHE MIDI ÉDITEUR

COLLECTION
« LE SENS DE L'HUMOUR »

TRISTAN BERNARD
Dictionnaire humoristique
de A à Z

PHILIPPE BOUVARD
Riez, avec les Grosses Têtes

20 ans de Grosses Têtes,
Rires, sourires et délires

LAURENCE COCHET
Y a-t-il de la place pour deux
dans un couple ?

PIERRE DAC
Les Petites Annonces
de l'Os à moelle

Essais, maximes et conférences

JAMES DARWEN
Le Meilleur de l'humour
anglo-américain

PIERRE DRACHLINE
Dictionnaire humoristique
des surréalistes
et des dadaïstes

PATRICK FONT
La vérité est bonne à dire
quand elle a cessé d'être vraie

Y en a un peu plus,
j'vous l'mets quand même ?

PHILIPPE HÉRACLÈS
Le Grand Livre de l'humour noir
Illustrations de Kerleroux

OLIVIER DE KERSAUSON
T'as pas honte ?
illustré par Wolinski

INGRID NAOUR
et MAURICE RAJSFUS
L'humour des Français
sous l'Occupation

LUIS REGO
C'est à ceux qu'on aime
qu'on ment le plus

JEAN RIVOIRE
Vacheries
Dictionnaire des insolences

PHILIPPE VAL
Allez-y, vous n'en reviendrez pas

Allez-y, vous n'en reviendrez pas,
la suite

WOLINSKI
La Morale

« LA BIBLIOTHÈQUE
DU DESSINATEUR »

Petite Encyclopédie
du dessin drôle en France
Préface de François Caradec

BOSC
Dessins inédits
Préface de Wolinski

CABU
Les nouveaux beaufs sont arrivés
Préface de Cavanna

Grossesse nerveuse
Préface de Philippe Val

CHAVAL
Faites des économies

Les cent meilleurs dessins

Chaval inconnu

GÉBÉ
Anarchie douce
Dessins et textes

Un dimanche au frais

JEAN GOURMELIN
Instants d'espace

A la Mémoire de l'humanité

JEAN HIN
Ti Mimite le petit chat

MOSE
Mose à la mer

Le golf de Mose

PIEM
Les mordus du tennis

Les mordus de l'automobile

Les mordus du ski

Les mordus du foot

Petits-enfants, grands-parents mode d'emploi

Enfants, parents mode d'emploi

Bonne santé mode d'emploi

Au revoir et encore merci

SINÉ
Siné dans Charlie Hebdo
Siné dans Hara-Kiri Hebdo
Siné sème sa zone

TREZ
Les Idées Trez noires
(Prix de l'Humour noir)

COLLECTION « IMAGES DE LA CARICATURE ÉPINAL »

KERLEROUX
L'homme qui a vu l'homme

TETSU
La vie à deux

Imprimé en France par la Société Nouvelle Firmin-Didot
Dépôt légal : octobre 1996
N° d'édition : 476 – N° d'impression : 36054
ISBN 2-86274-476-X